三修社

CD付

バッチリ 話せる
イタリア語

すぐに使えるシーン別会話基本表現

インマ・ロマーノ 監修

「覚えたい！」「使ってみたい！」イタリア語の表現がバッチリ話せる！使いこなせる！

　イタリア語の「覚えたい表現」と「使ってみたい表現」を効率的でムダなくマスターできるように，次のような《5つのバッチリ》で構成しました。

❶ バッチリ！自然なイタリア語の発音とリズムを身につける！
　PART1で発音についての基本を解説。本書付属のCDを繰り返し聞き，声を出して発音練習し，自然なイタリア語の発音とリズムを身につけましょう。

❷ バッチリ！リスニング力をつける！
　付属のCDを繰り返し聞いてください。とにかく聞きまくることでリスニング力が自然と身につきます。

❸ バッチリ！イタリア語ってどんな言葉かがスッキリわかる！
　PART1でイタリア語の基本の文法を解説。最初は基本の基本だけを頭に入れるだけにし，話すレッスンの中で文法事項は再チェックするのが効率的です。

❹ バッチリ！日常ミニュケーションが集中マスターできる！
　日常生活で使われる頻度の高い表現を中心に構成。表現はできるだけ簡単で，応用の効くものが中心です。

❺ バッチリ！イタリア旅行の必須表現を頭出しパターンでマスター！
　場面別イタリア旅行会話では，頭出しパターンに色をつけて覚えやすくしていますから，効率的に話す力がつきます。また，会話の状況が目に浮かぶように，対話形式の構成にも重点をおいています
　本書で「これでイタリア語はバッチリ決まった！」と実感してください。

CONTENTS

PART 1 ●すぐに使える！
イタリア語の基本《発音・文法・基本単語》

■ **イタリア語の発音** 10
 ◆アルファベット（Alfabeto） ◆発音の基本 ◆アクセントの位置
 ◆母音字の発音 ◆イタリア語の子音で注意の必要なもの ◆j, k, w, x, yの発音

■ **イタリア語の文法** 16
 ◆名詞 ◆冠詞 ◆前置詞 ◆形容詞 ◆指示代名詞・指示形容詞
 ◆主語の人称代名詞 ◆所有を表す形容詞 ◆直接の目的語になる人称代名詞 ◆間接の目的語になる人称代名詞 ◆動詞 ◆規則動詞の活用 ◆不規則な動詞の活用 ◆再帰動詞 ◆疑問文の作り方 ◆否定文の作り方 ◆比較級と最上級 ◆過去の表現 近過去と半過去 ◆過去分詞 ◆命令法 ◆受動態

日常生活の基本単語 34

PART 2 ●すぐに話せる！
イタリア語の頭出しパターン 15

1.「私は〜です」Sono 〜. 44
2.「〜をお願いします」〜, per favore. 45
3.「〜がほしいのですが」Vorrei ＋ほしい物 46
4.「〜したいのですが」Vorrei ＋動詞の原形 〜. 47
5.「〜がありますか？」Avete 〜? / C'è 〜? 48

CONTENTS

6. 「〜してもいいですか？」Posso ＋動詞の原形 ~? ……… 49
7. 「〜していただけますか？」Mi può ＋動詞の原形？……… 50
8. 「私は〜した」Ho ＋過去分詞 . / Sono ＋過去分詞 . ……… 51
9. 「何？／何の？」Che cosa ~? / Che ~? ……………………… 52
10. 「どのように〜？」Come ＋疑問文？…………………………… 53
11. 「いつ？」Quando ~? ……………………………………………… 54
12. 「どこ？」Dove ~? ………………………………………………… 55
13. 「どの？／どちらの？」Quale(i) ＋ ~? ………………………… 56
14. 「量」を尋ねる Quanto(a) ＋名詞の単数形？…………………… 57
15. 「数」を尋ねる Quanti(e) ＋名詞の複数形？…………………… 58

PART 3 ●すぐに話せる！
よく使うイタリア語の基本・日常表現

1. 日常のあいさつ …………………………………………………… 60
2. 別れぎわの一言 …………………………………………………… 62
3. 感謝する／あやまる ……………………………………………… 64
4. はい，いいえ ……………………………………………………… 66
5. 感情を伝える ……………………………………………………… 68
6. 自己紹介する／挨拶をする ……………………………………… 72
7. イタリア語，イタリア …………………………………………… 76
〈単語…友だちづくり〉……………………………………………… 78
◆「〜しなければならない」の表現「〜しなければなりませんか？」の表現……80

CONTENTS

PART 4 ●すぐに話せる！
イタリア旅行重要フレーズ

- 8. 機内で・空港で ……………………………………………… 82
- 9. 入国審査・税関〈単語…機内 / 税関・空港 90〉……… 86
- 10. 交通機関〈タクシー〉〈単語…タクシー 95〉………… 92
- 11. 交通機関〈電車・地下鉄・バス〉〈単語…交通機関 108〉… 96
- 12. ホテルで〈チェックイン〉……………………………… 110
- 13. ホテルで〈ルームサービス〉…………………………… 114
- 14. ホテルで〈苦情・お礼など〉…………………………… 116
- 15. ホテルで〈チェックアウト〉〈単語…ホテル 120〉… 118
- 16. レストランで〈単語…レストラン 134〉……………… 122
- 17. ピッツェリア / バールで ………………………………… 136
- 18. ショッピング〈品物を探す〉…………………………… 138
- 19. ショッピング〈試着・支払い〉〈単語…ショッピング 148〉… 142
- 20. 観光する，道をたずねる ………………………………… 150
- 21. 観光する〈美術館・博物館〉…………………………… 156
- 22. 写真を撮る ………………………………………………… 160
- 23. 観戦・観劇〈単語…観光 / 観戦・観劇 168〉………… 162
- 24. 両替する …………………………………………………… 170
- 25. 郵便局で〈単語…両替 / 郵便 / 電話 174〉…………… 172
- 26. 電話で ……………………………………………………… 176
- 27. 盗難・紛失 ………………………………………………… 180
- 28. 病気・診察・薬局〈単語…紛失・盗難 / 病気・診察・薬局 190〉… 184

本書の活用法

《5つのバッチリ》で
イタリア語の「話す・聞く」を集中マスター

❶ バッチリ！発音と文法の基本がスッキリとマスター！
❷ バッチリ！聞き取りに慣れる！
❸ バッチリ！頭出しパターンを使って効率マスター！
❹ バッチリ！日常＆旅行の必須表現を速攻マスター！
❺ バッチリ！基本単語がテーマ別に覚えられる！

◆ PART 1
すぐに使える！
イタリア語の基本
《発音・文法・基本単語》

PART1では，最初に知っておきたいイタリア語の基本知識（発音・文法）についてわかりやすく説明しています。最初は，概要を知るだけで大丈夫です。いろいろなフレーズマスターする中で再チェックする学習が効果的です。また，日常よく使う数字・時刻，曜日，月などの基本単語を紹介しています。

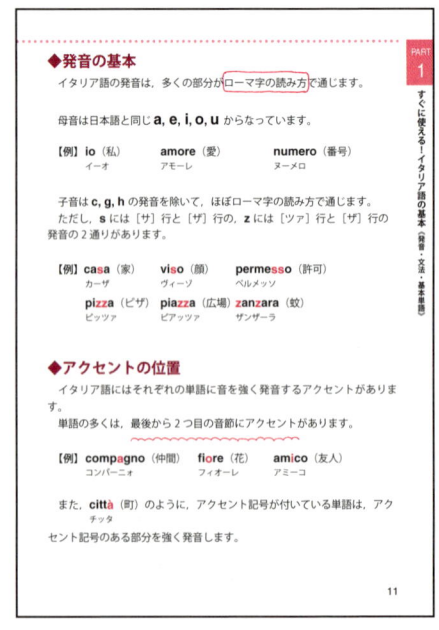

◆ PART 2
すぐに話せる！イタリア語の頭出し基本パターン 15

PART2 では，「〜がほしい」とか「〜したい」といった相手に伝えたい気持ちの頭出しパターンの一つひとつについて，その使い方を解説するとともに，差し替え例文（イタリア旅行や日常会話場面でのフレーズ）でそのパターンの使い方になれることができるように工夫しています。この 15 の頭出しパターンを覚えるだけで，話す力が飛躍的に伸びます。

4.「〜したいのですが」

Vorrei ＋ 動詞の原形 〜．
ヴォッレイ

■「〜がしたい」とていねいに伝えるパターン

Vorrei の後に動詞を置くと，「買いたい」「電話したい」「両替したい」「見たい」などといったさまざまな気持ちが表現できます。
動詞 vorrei の次にその目的となる動詞が続くとき，2 つ目からは必ず原形（辞書の見出し形）の動詞にします。英語の I'd like to に相当します。

例文で使い方をマスターしましょう！

□ ちょっと休息したいのですが。
ヴォッレイ　リポザルミ　ウン　ポ
Vorrei riposarmi un po'.
　　　　休息する　　　　　少し

□ ピザを食べたいのですが。
ヴォッレイ　マンジャーレ　ウナ　ピッツァ
Vorrei mangiare una pizza.
　　　　食べる　　　　1 つの　ピザ

□ プレゼントを買いたいのですが。
ヴォッレイ　コンプラーレ　ウン　レガーロ　　　人にあげる
Vorrei comprare un regalo.　　プレゼント
　　　　買う　　　　1 つの　プレゼント

□ コロセウムへ行きたいのですが。
ヴォッレイ　アンダーレ　アル　コロッセオ
Vorrei andare al Colosseo.
　　　　行く　　　　コロセウムへ

◆ PART 3
すぐに話せる！よく使う基本・日常表現

PART3 では，あいさつや日常表現などをテーマ別に紹介しています。

基本表現と日常生活で使われる頻度の高いフレーズを中心に構成。

表現はできるだけシンプルで，応用の効くものが中心です。

表現に関するポイントをメモ式または注としてアドバイスしています。

また，基本パターンのフレーズには，色をつけて覚えやすくしています。

すぐに使えるフレーズ

□ イタリア語を 2 年前から勉強しています。
ストゥディオ　リタリアーノ　ダ　ドゥエ　アンニ
Studio l'italiano da due anni.
勉強する　イタリア語　〜から　2 年
　　　　　　italiano とも言います。

□ あいにく，イタリア語が話せません。
ミ　ディスピアーチェ　ノン　パルロ　イタリアーノ
Mi dispiace, non parlo italiano.
残念ながら　　　〜ない　話す　イタリア語

□ イタリアは初めて［2 回目］です。
エ　ラ　プリマ［セコンダ］　ヴォルタ　ケ　ヴェンゴ　イン　イタリーア
È la prima[seconda] volta che vengo in Italia.
〜です　はじめて　　　　　　　　　私が来る　　イタリアに

□ イタリアが好きです。
ミ　ピアーチェ　リタリーア
Mi piace l'Italia.
気に入られる

□ （ぜひとも）イタリア語を学びたい。
ヴォッリオ　インパラーレ　リタリアーノ
Voglio imparare l'italiano.
〜したい　　学習する　　　イタリア語

□ これはどういう意味ですか？
ケ　　コーザ　ヴォル　ディーレ
Che cosa vuol dire?
何ですか

77

PART 4
すぐに話せる！イタリア旅行重要フレーズ

PART4では，イタリア旅行で役立つフレーズを場面別に豊富に紹介しています。

さらに，必要に応じて表現に関するポイントをメモ式または注としてアドバスし，ムダのない学習ができるように工夫しています。

最初は使ってみたいフレーズを優先的に覚えましょう。それがイタリア語会話学習が長続きするコツです。

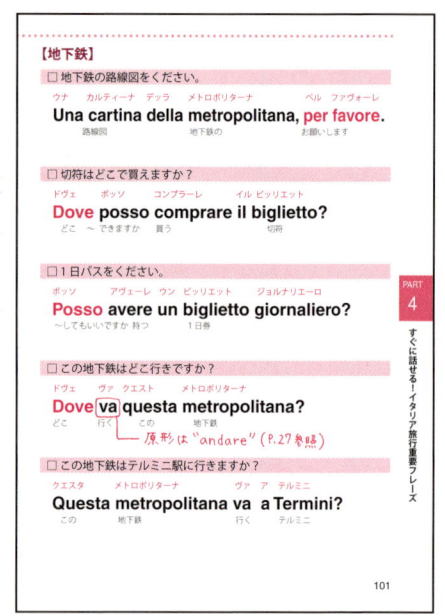

【地下鉄】

□ 地下鉄の路線図をください。
ウナ　カルティーナ　デッラ　メトロポリターナ　ペル　ファヴォーレ
Una cartina della metropolitana, per favore.
　路線図　　　　　地下鉄の　　　　　　　　　　お願いします

□ 切符はどこで買えますか？
ドヴェ　ポッソ　コンプラーレ　イル　ビリエット
Dove posso comprare il biglietto?
どこ　〜できますか　買う　　　　　切符

□ 1日バスをください。
ポッソ　アヴェーレ　ウン　ビリエット　ジョルナリエーロ
Posso avere un biglietto giornaliero?
〜してもいいですか　持つ　　　　　　　　1日券

□ この地下鉄はどこ行きですか？
ドヴェ　ヴァ　クエスタ　メトロポリターナ
Dove va questa metropolitana?
どこ　行く　この　　　地下鉄
　　　└─ 原形は"andare"（P.27参照）

□ この地下鉄はテルミニ駅に行きますか？
クエスタ　メトロポリターナ　ヴァ　ア　テルミニ
Questa metropolitana va a Termini?
この　　　地下鉄　　　　　行く　　テルミニ

◆本書の活用にあたって◆

◆本書付属の CD をくり返し聴いてマスターしましょう！

　本書では，イタリア語の入門者の方のために読み方の補助としてカタカナルビをつけました。このルビはあくまでも発音のヒント（発音記号ではありませんから完璧な表記ではないことをお断りしておきます）ですから，付属の CD を繰り返し聴いてマスターしましょう。

　そのとき，声を出して練習してください。それが上達の早道です。

　また例文の下の（逐語）訳は，日本語の語順との対応を理解するための補助としてご参照ください。

PART 1
すぐに使える！
イタリア語の基本
〈発音・文法・基本単語〉

イタリア語の発音

◆アルファベット　　Alfabeto

イタリア語のアルファベットは，次の21文字。

A	a	[ア]		P	p	[ピ]
B	b	[ビ]		Q	q	[ク]
C	c	[チ]		R	r	[エッレ]
D	d	[ディ]		S	s	[エッセ]
E	e	[エ]		T	t	[ティ]
F	f	[エッフェ]		U	u	[ウ]
G	g	[ジ]		V	v	[ヴィ/ヴ]
H	h	[アッカ]		Z	z	[ゼータ]
I	i	[イ]				
L	l	[エッレ]				
M	m	[エンメ]				
N	n	[エンネ]				
O	o	[オ]				

●次の5文字は外来語を表すときに使われる場合があります。

J	j	[イ・ルンガ]
K	k	[カッパ]
W	w	[ドッピャ・ヴ]
X	x	[イクス]
Y	y	[イプスィロン]

◆発音の基本

イタリア語の発音は，多くの部分がローマ字の読み方で通じます。

母音は日本語と同じ **a, e, i, o, u** からなっています。

【例】 **io**（私）　　**amore**（愛）　　**numero**（番号）
　　　イーオ　　　　アモーレ　　　　　ヌーメロ

子音は **c, g, h** の発音を除いて，ほぼローマ字の読み方で通じます。
ただし，**s** には［サ］行と［ザ］行の，**z** には［ツァ］行と［ザ］行の発音の2通りがあります。

【例】 **casa**（家）　　**viso**（顔）　　**permesso**（許可）
　　　カーザ　　　　　ヴィーゾ　　　　ペルメッソ
　　　pizza（ピザ）　**piazza**（広場）　**zanzara**（蚊）
　　　ピッツァ　　　　ピアッツァ　　　　　ザンザーラ

◆アクセントの位置

イタリア語にはそれぞれの単語に音を強く発音するアクセントがあります。

単語の多くは，最後から2つ目の音節にアクセントがあります。

【例】 **compagno**（仲間）　**fiore**（花）　**amico**（友人）
　　　コンパーニォ　　　　　フィオーレ　　　アミーコ

また，**città**（町）のように，アクセント記号が付いている単語は，アクセント記号のある部分を強く発音します。
　　チッタ

◆母音字の発音

母音を表す母音字は **a, e, i, o, u** の5つです。
　　　　　　　　　　　ア　エ　イ　オ　ウ

日本語の母音とほぼ同じ発音ですが，**e** と **o** に 開口音 （口をやや広げて発音する）と，閉口音 （口をやや狭めて発音する）があります。

a　日本語の［ア］の発音よりも口の奥で発音。
　　　pa**ne**（パン）　　　　**c**a**ne**（犬）
　　　パーネ　　　　　　　　カーネ

i　日本語の［イ］の発音よりも口の両端を後ろに引くようにして発音。
　　　bambi**no**（子供）　　**v**i**no**（ワイン）
　　　バンビーノ　　　　　　ヴィーノ

u　唇をまるめて突き出すようにして，強く発音。
　　　salu**te**（健康）　　　**gr**u**ppo**（グループ）
　　　サルーテ　　　　　　　グルッポ

e　開口音と閉口音の2種類があります。開口音の **e** は **a** を発音する口に近い格好で **e** を発音。閉口音の **e** は **i** を発音する口に近い格好で発音。
　　　（開口音）**lic**e**o**（高校）　　（閉口音）**ingl**e**se**（イギリス人）
　　　　　　　リチェーオ　　　　　　　　　　イングレーゼ

o　開口音と閉口音の2種類があります。開口音の **o** は **a** を発音する口に近い格好で **o** を発音。閉口音の **o** は **u** を発音する口に近い格好で発音。
　　　（開口音）**p**o**sta**（郵便）　　（閉口音）**m**o**ndo**（世界）
　　　　　　　ポスタ　　　　　　　　　　　　モンド

◇二重母音

　母音が2つ続いて，1つの音節として発音されるものを二重母音と言います。

ia	v**ia**（通り） ヴィーア		**ie**	c**ie**lo（空） チェロ
io	g**io**rno（日） ジョルノ		**ua**	sg**ua**rdo（視線） ズグアルド
ue	g**ue**rra（戦争） グエッラ		**uo**	l**uo**go（場所） ルオーゴ
ai	z**ai**no（リュックサック） ザイノ		**ei**	s**ei**（6） セイ
oi	n**oi**（私たち） ノイ		**au**	**au**to（自動車） アウト
eu	n**eu**trale（中立的な） ネウトラーレ		**ui**	g**ui**da（ガイド） グイダ
iu	f**iu**me（川） フィウメ			

◆イタリア語の子音で注意の必要なもの

c k の代わりに c が「カ」行の発音になります。
ただし，「カ」「ケ」「キ」「コ」「ク」は ca, ce, ci, co, cu ではなく，ca, che, chi, co, cu となります。
〔例〕**ca**sa（家）　　**cu**oco（料理人）
　　　カーザ　　　　　クオーコ

そして，**ci, ce** はそれぞれ，「チ」「チェ」と発音。
〔例〕**ci**ao（こんにちは）　pa**ce**（平和）
　　　チャオ　　　　　　　　パーチェ

cc と 2 つ子音が重なる場合は，つまった発音。
〔例〕pi**cc**olo（小さい）
　　　ピッコロ

g ga, go, gu は「ガ」行の発音になりますが，「ゲ」は ghe，「ギ」は ghi となります。
〔例〕**ga**mba（足）　**gu**sto（味）　spa**ghe**tti（スパゲッティ）
　　　ガンバ　　　　　グスト　　　　スパゲッティ

gi, ge は「ジ」や「ジェ」の発音になります。
〔例〕**Gi**appone（日本）　**ge**lato（アイスクリーム）
　　　ジャッポーネ　　　　　ジェラート

gla, gle, gli, glo, glu は「グラ」「グレ」「グリ」「グロ」「グル」と発音されますが，gli は多くの場合『リ』と発音。
〔例〕mo**gli**e（妻）
　　　モリエ

（鼻にかけた「リ」と発音。"gli" の発音のみ特別です。）

gn は gna, gne, gni, gno, gnu「ニャ」「ニェ」「ニ」「ニョ」「ニュ」というふうに「ニャ」行の発音。
〔例〕co**gno**me（姓）
　　　コニョーメ

gg と 2 つ子音が重なる場合は，つまった発音。
〔例〕ma**gg**io（5月）
　　　マッジョ

sc sとcの組み合わせの単語の場合は，次のような発音になります。

sca	**sche**	**schi**	**sco**	**scu**
スカ	スケ	スキ	スコ	スク

scia	**sce**	**sci**	**scio**	**sciu**
シャ	シェ	シ	ショ	シュ

〔例〕 **sci**arpa（スカーフ）　**sc**uola（学校）　**sci**enza（科学）
　　　シャルパ　　　　　　　　スクオーラ　　　　　　シエンツァ

s+c+i のとき、日本語の「シ」に近い発音になります。

h イタリア語では **h** は発音しません。
　　hotel（ホテル）　**h**ai（君は持つ）
　　オテル　　　　　　アイ

「ホ」ではない。

◆ j, k, w, x, y の発音

多くが外来語の表記に使われています。

j　**j**udo（柔道）
　　ジュドー

k　**k**amikaze（特攻隊，自爆テロ）
　　カミカッゼ

w　**w**hisky（ウイスキー）
　　ウィスキ

x　e**x** ministro（元大臣）
　　エクス　ミニストロ

y　**y**oga（ヨガ）
　　ヨーガ

イタリア語の文法

◆名詞

《男性名詞，女性名詞》

　イタリア語の名詞には「男性名詞」と「女性名詞」があります。
　自然界に性別のある人間や動物を表す名詞だけでなく，実際には性別のない人の職業や国籍名，事物を表す名詞も文法の決まりとして，性の区別があります。

● 「男性名詞」

　　uomo（男　人間）　　　　**libro**（本）
　　ウオーモ　　　　　　　　　リーブロ

　　tavolo（テーブル）　　　**telefono**（電話）
　　ターヴォロ　　　　　　　　テレーフォノ

男性名詞は語尾が **o** で終わるものが多い。

● 「女性名詞」

　　donna（女性　婦人）　　**rivista**（雑誌）
　　ドンナ　　　　　　　　　　リヴィスタ

　　luna（月）　　　　　　　**giacca**（ジャケット）
　　ルーナ　　　　　　　　　　ジャッカ

女性名詞は語尾が **a** で終わるものが多い。

　ただし，語尾が **e** で終わるものには男性名詞，女性名詞どちらもあります。
　　【例】　**mare**（海　男性名詞），**mese**（月　男性名詞）
　　　　　　マーレ　　　　　　　　　メーゼ
　　　　　madre（母　女性名詞），**notte**（夜　女性名詞）
　　　　　　マードレ　　　　　　　　ノッテ

《単数形，複数形》

イタリア語の名詞には「単数形」と「複数形」があります。

●男性名詞・女性名詞のそれぞれの語尾の母音が変化

① **-o** で終わる男性名詞の複数形は **-i** となります。

  biglietto → **bigliett i** （切符）
  ビリエット   ビリエッティ

② **-a** で終わる女性名詞の複数形は **-e** となります。

  cartolina → **cartolin e** （絵はがき）
  カルトリーナ   カルトリーネ

③ **-e** で終わる男性名詞・女性名詞の複数形は **-i** となります。

  giapponese → **giappones i** （日本人）
  ジャッポネーゼ   ジャッポネースィ

ただし，**複数形になっても形の変わらない名詞**もあります。

① 子音で終わる場合

  sport（スポーツ　男性名詞） **bar**（バール　男性名詞）
  スポルト   バール

② 最後にアクセントがある場合

  caffè（コーヒー　男性名詞） **città**（町　女性名詞）
  カッフェ   チッタ

③ 短縮語の場合

  radio（=**radiofonia** ラジオ　女性名詞）
  ラーディオ　ラディオフォニーア

また，不規則に変化するものもあります。

  uovo → **uova**（卵）
  ウオーヴォ   ウオーヴァ

  dito → **dita**（指） …など。
  ディート   ディータ

◆冠詞

イタリア語では名詞の性（「男性名詞」と「女性名詞」）と数に応じて冠詞が変化します。また，大きく分けて不定冠詞（英語の a に相当するもの）と定冠詞（英語の the に相当するもの…単数形と複数形がある）があります。冠詞を見ただけで名詞の性と数を判断することが可能です。

《不定冠詞》

不定冠詞は「ある〜，１つの〜」の意味。男性名詞の前では **un**，女性名詞の前では **una** となります。１つ，２つなどと数えることのできる名詞に対して使います。

	●単数形	（例）
◇男性名詞	**un** ウン	**un teatro** （一軒の劇場） ウン テアトロ
◇女性名詞	**una** ウナ	**una pizza** （１つのピザ） ウナ ピッツァ

＊ ほかに，男性名詞が **s** ＋子音，または **z[ps-/y-/x-/h-]** で始まる場合は **uno**，女性名詞が母音で始まる場合は **un'** などの形があります。

《定冠詞》

定冠詞は「その〜，例の〜」の意味。話し手と聞き手が，何を指しているかわかっているとき，あるいは「一般に〜というもの」というように，総称的表現するときに使います。

定冠詞には，性の区別のほかに，単数，複数の変化があります。

	●単数形	●複数形	（例）
◇男性名詞	**il** イル	**i** イ	**il libro** （その本） / **i libri** （それらの本） イル リーブロ　　　　　イ リーブリ
◇女性名詞	**la** ラ	**le** レ	**la rivista** （その雑誌） ラ リヴィスタ **le riviste** （それらの雑誌） レ リヴィステ

* 男性名詞が **s** ＋子音，または **z[ps-/y-/x-/h-]** で始まる場合，定冠詞は，**lo**（単数）/ **gli**（複数），女性名詞と男性名詞とともに母音で始まる場合は **l'**（単数）となります。ただし，複数形は男性形は **gli**，女性形は **le**。

例：**l'amico** → **gli amici**

◆前置詞

名詞や形容詞の前に置かれて，動作の方向性や，状態を表すはたらきをします。

a ［ア］（〜に，〜で） → **a** teatro ［ア テアートロ］（劇場に）
da ［ダ］（〜から） → **da** Tokyo ［ダ トーキョー］（東京から）
di ［ディ］（〜の） → **di** Milano ［ディ ミラーノ］（ミラノの）
in ［イン］（〜の中に） → **in** Francia ［イン フランチャ］（フランスに）
su ［ス］（〜の上に） **sul** tavolo ［スル ターヴォロ］（テーブルの上に）
　　　　　　　　　　　　└── su と il の結合形

●前置詞＋定冠詞の結合

前置詞の **a**，**da**，**di**，**in**，**su** はその後に定冠詞がくると，その定冠詞とつながって1語になります。

	●男性定冠詞				●女性定冠詞		●男性・女性共通（定冠詞単数）
	il	i	lo	gli	la	le	l'
a	al	ai	allo	agli	alla	alle	all'
da	dal	dai	dallo	dagli	dalla	dalle	dall'
di	del	dei	dello	degli	della	delle	dell'
in	nel	nei	nello	negli	nella	nelle	nell'
su	sul	sui	sullo	sugli	sulla	sulle	sull'

【例】 **a** ＋ **il bar** → **al bar** ［アル バール］（バールで）

　　　 in ＋ **la notte** → **nella notte** ［ネッラ ノッテ］（夜に）

◆形容詞

《形容詞も名詞の性・数に支配される》

　形容詞も修飾する名詞の性・数に応じて語尾が変化します。
　形容詞にはもとの形が o で終わるものと，e で終わるのもがあります。
それぞれに語尾変化が異なります。

《形容詞の性変化》

　形容詞の性・数の変化は名詞の変化と同じです。

【o で終わるもの】

【原則】	修飾する名詞が**男性単数**の場合，語尾は **-o**
	vino rosso（赤ワイン）
	ヴィーノ ロッソ
	修飾する名詞が**女性単数**の場合，語尾は **-a**
	camicia bianca（白いブラウス）
	カミーチャ　ビアンカ
【原則】	修飾する名詞が**男性複数**の場合，語尾は **-i**
	vestiti nuovi（新しい服）
	ヴェスティーティ ヌオーヴィ
	修飾する名詞が**女性複数**の場合，語尾は **-e**
	case vecchie（古い家）
	カーセ　ヴェッキエ

【e で終わるもの】

【原則】	修飾する名詞が**男性，女性単数**の場合，ともに語尾は **-e**
	uomo gentile（親切な人）
	ウオーモ　ジェンティーレ
	修飾する名詞が**男性，女性複数**の場合，ともに語尾は **-i**
	alberi grandi（大きな木々）
	アルベリ　グランディ

◆指示代名詞・指示形容詞

「これ」「あれ」など，ものを指し示す代名詞を指示代名詞，「この〜」「あの〜」など名詞を修飾する形容詞を指示形容詞といいます。
いずれも，指示する性・数によって語尾が変化します。

《指示代名詞》

	●男性 単数	複数	●女性 単数	複数
これ・これら	**questo** クエスト	**questi** クエスティ	**questa** クエスタ	**queste** クエステ
あれ・あれら	**quello** クエッロ	**quelli** クエッリ	**quella** クエッラ	**quelle** クエッレ

《指示形容詞》

	●男性 単数	複数	●女性 単数	複数
この・これらの	**questo** クエスト	**questi** クエスティ	**questa** クエスタ	**queste** クエステ
あの・あれらの	**quel*** クエル	**quei*** クエイ	**quella*** クエッラ	**quelle** クエッレ

【例】 **questo biglietto**（この切符）/ **queste case**（これらの家）
　　　クエスト ビリエット　　　　　　　　クエステ カーゼ

　　　quel negozio（あの店）/ **quelle macchine**（あれらの自動車）
　　　クエル ネゴーツィオ　　　　　クエッレ マッキネ

＊ 男性名詞が **s** ＋子音，または **z[ps-/y-/x-/h-]** で始まる場合は **quello**（単数）/ **quegli**（複数），女性名詞と男性名詞とともに母音で始まる場合は **quell'**（単数）となります。

◆主語の人称代名詞

主語に使われる代名詞は以下の3つの人称に分けられます。

	●単数		●複数	
（1人称）	**io** イオ	私	**noi** ノイ	私たち
（2人称）	**tu** トゥ	君	**voi** ヴォイ	あなたたち
（3人称）	**lui** 彼 / **lei** 彼女 / **Lei** あなた ルイ　　　　レイ　　　　　レイ		**loro** ローロ	彼ら / 彼女ら

＊ **Lei** は「あなた」など敬称を表します。意味上は2人称ですが，文法的には単数3人称になります。イタリア語では，主語を強調するとき以外は主語を省略するのが普通です。

◆所有を表す形容詞

英語で言えば，my，you などの代名詞の所有格に当たるものを，イタリア語では所有形容詞といいます。これらの語も限定する名詞の性・数に応じて変化しますが，所有する者の性別は関係ないことに注意してください。

【所有形容詞の変化】　　　― la tua stanza （君の部屋）

	●単数		●複数	
	男性	女性	男性	女性
io	**mio** ミオ	**mia** ミア	**miei** ミエイ	**mie** ミエ
tu	**tuo** トゥオ	**tua** トゥア	**tuoi** トゥオイ	**tue** トゥエ
lui, lei, Lei	**suo** スオ	**sua** スア	**suoi** スオイ	**sue** スエ
noi	**nostro** ノストロ	**nostra** ノストラ	**nostri** ノストリ	**nostre** ノストレ
voi	**vostro** ヴォストロ	**vostra** ヴォストラ	**vostri** ヴォストリ	**vostre** ヴォストレ
loro	**loro** ローロ	**loro** ローロ	**loro** ローロ	**loro** ローロ

◆直接の目的語になる人称代名詞 （主に「～を」と訳される）

直接目的語（動詞の直後に置かれる名詞）が代名詞化すると，通常，他動詞の直前に置かれます。

Ti amo.（私は君を愛している）

私を	**mi** ミ	私たちを	**ci** チ
君を	**ti** ティ	君たちを	**vi** ヴィ
あなたを	**La** ラ		
彼を	**lo** ロ	彼らを	**li** リ
彼女を	**la** ラ	彼女らを	**le** レ

◆間接の目的語になる人称代名詞 （主に「～に」と訳される）

間接目的語（動詞の「a＋名詞」の形での補語となるもの）が代名詞化すると，通常，他動詞の直前に置かれます。

私に	**mi** ミ	私たちに	**ci** チ
君に	**ti** ティ	君たちに	**vi** ヴィ
あなたに	**Le** レ		
彼に	**gli** リ	彼らに	**gli** リ
彼女に	**le** レ	彼女らに	**gli** レ

Mi porta un caffè, per favore?（私にコーヒーを持ってきてくれますか）

◆動詞

動詞は主語によって形が変わる

イタリア語の動詞は，人称と数によって形が変化します。

動詞のなかでも最も重要なのが **essere** [エッセレ] と **avere** [アヴェーレ] です。最も頻繁に使われるだけでなく，他の動詞を助けて，さまざまな時制を作るからです。

規則動詞の不定詞（辞書の見出しの形）の語尾の形によって3種類（**-are, -ere, -ire**）に分類されます。

そのほか，**andare** [アンダーレ]（行く），**fare** [ファーレ]（〜する）など，日常よく使う動詞には不規則な変化をするものがあります。

▼ **essere** [エッセレ]（〜です）

●私　**io**	**sono** ソーノ
●君　**tu**	**sei** セイ
●彼，彼女，あなた　**lui, lei, Lei**	**è** エ
●私たち　**noi**	**siamo** スィアーモ
●あなたたち　**voi**	**siete** スィエーテ
●彼ら，彼女ら　**loro**	**sono** ソーノ

▼ avere ［アヴェーレ］（〜を持つ）

●私	io	**ho** オ
●君	tu	**hai** アイ
●彼，彼女，あなた	lui, lei, Lei	**ha** ア
●私たち	noi	**abbiamo** アッピアーモ
●あなたたち	voi	**avete** アヴェーテ
●彼ら，彼女ら	loro	**hanno** アンノ

◆ 規則動詞の活用

活用の際に，語幹は常に不変で，語尾のみが変化する動詞です。

● 語尾が **-are** で終わる動詞の活用

▼ amare ［アマーレ］（愛する）

●私	io	**amo** アーモ
●君	tu	**ami** アーミ
●彼，彼女，あなた	lui, lei, Lei	**ama** アマ
●私たち	noi	**amiamo** アミアーモ
●あなたたち	voi	**amate** アマーテ
●彼ら，彼女ら	loro	**amano** アーマノ

PART 1　すぐに使える！イタリア語の基本《発音・文法・基本単語》

● 語尾が **-ere** で終わる動詞の活用

▼ **prendere** ［プレンデレ］（取る，乗る）

● 私　io	**prendo**　←語尾のみが変化 プレンド
● 君　tu	**prendi** プレンディ
● 彼，彼女，あなた　lui, lei, Lei	**prende** プレンデ
● 私たち　noi	**prendiamo** プレンディアーモ
● あなたたち　voi	**prendete** プレンデーテ
● 彼ら，彼女ら　loro	**prendono** プレンドノ

● 語尾が **-ire** で終わる動詞の活用 〈-ire 動詞（規則）は 2 種〉

① **dormire** ［ドルミーレ］（眠る）→ **ire** の前に子音がある場合

② **finire** ［フィニーレ］（終える）→ **ire** の前に母音＋子音が 1 つずつある場合

	①	②
● 私　io	**dormo** ドルモ	**finisco**　←語尾のみが変化 フィニスコ
● 君　tu	**dormi** ドルミ	**finisci** フィニーシ
● 彼，彼女，あなた　lui, lei, Lei	**dorme** ドルメ	**finisce** フィニーシェ
● 私たち　noi	**dormiamo** ドルミアーモ	**finiamo** フィニアーモ
● あなたたち　voi	**dormite** ドルミーテ	**finite** フィニーテ
● 彼ら，彼女ら　loro	**dormono** ドルモノ	**finiscono** フィニスコノ

◆ 不規則な動詞の活用

日常よく使う動詞で，不規則な変化をするものです。

▼ andare ［アンダーレ］（行く）

● 私	io	**vado** ヴァード
● 君	tu	**vai** ヴァイ
● 彼，彼女，あなた	lui, lei, Lei	**va** ヴァ
● 私たち	noi	**andiamo** アンディアーモ
● あなたたち	voi	**andate** アンダーテ
● 彼ら，彼女ら	loro	**vanno** ヴァンノ

▼ fare ［ファーレ］（～する）

● 私	io	**faccio** ファッチョ
● 君	tu	**fai** ファイ
● 彼，彼女，あなた	lui, lei, Lei	**fa** ファ
● 私たち	noi	**facciamo** ファッチャーモ
● あなたたち	voi	**fate** ファーテ
● 彼ら，彼女ら	loro	**fanno** ファンノ

◆再帰動詞

「〜自身を」を表す再帰代名詞（**mi, ti, si, ci, vi, si**）といっしょに使われる動詞を再帰動詞といいます。

原形は「**~si**」という形になります。

活用も再帰代名詞とセットで活用し，人称や数によって変わってきますが，性によっても変化します。

【例】**Mi sono alzato(a)　　alle　sette di mattina.**
ミ　ソノ　　アルツァート（タ）アッレ　セッテ　ディマッティーナ

私は朝7時に起きた。

Tutte le mattine mi alzo alle sette.
トゥッテ レ マッティーネ ミ　アルゾ アッレ セッテ

毎朝私は7時に起きます。

◆疑問文の作り方

イタリア語では，文末に**?**をつけることで疑問文になります。

主語と動詞を入れ替える必要もありません。発音するときは，文末を上げて疑問文であることを表現します。

「彼女／彼は日本人です」

Lei è giapponese.
レーイ エ　ジャッポネーゼ

↓ 《疑問文にすると?》

「彼女／彼は日本人ですか？」

Lei è giapponese?

＊「あなたの」の意の **Lei** は文頭でも途中でも常に大文字の **L** で書きます。

また，疑問詞 **che**（何），**chi**（誰），**dove**（どこ），**quando**（いつ）などが付く場合は，主語は動詞のあとに置くのが普通です。

【例】**Dove sono i taxi?**　　タクシーはどこですか？
　　　ドーヴェ　ソノ　　イ タッシィ

◪ 否定文の作り方

普通，動詞の前に **non** をつければ，否定文になります。

【例】**Lei è giapponese?**　　あなたは日本人ですか？
　　　レイ エ　ジャッポネーゼ

　　　– **No, non sono giapponese.**
　　　　ノー　ノン　ソノ　　ジャッポネーゼ　　いいえ，日本人ではありません。

また，動詞の前に **mi**, **ti**, **lo**, **la** などの人称代名詞や（過去など）時制を表す **avere**, **essere** などの助動詞がくるとき，その前に **non** をつけます。

【例】**Luigi non mi conosce.**　　ルイージは私を知らない。
　　　ルイージ ノン　ミ　コノッシェ

◇ 比較級と最上級

▶「〜より〜だ」という表現

> **più** + 〔形容詞〕 **di (che)**＊...
> ピウ　　　　　　　　ディ

【例】**Questo vino è più caro di quello (gonna).**
クエスト　ヴィーノ　エ　ピウ　カーロ　ディ　クエッロ　ゴンナ

この赤ワインはあれよりも高い。

▶「〜ほど〜でない」という表現

> **meno** + 〔形容詞〕 **di (che)**＊...
> メーノ　　　　　　　　ディ

【例】**Quel libro è meno grande di questo (libro).**
クエル　リーブロ　エ　メーノ　グランデ　ディ　クエスト　リーブロ

あの本はこれほど高くない。

＊ **di** は主語を他のものと比較する場合，**che** は主語以外の要素を比較する場合に用います。

Mi piace più il Pesce che la carne.
　　ピアチェ　　　ペッシェ　　カルネ
（私は肉より魚の方が好きです）

▶「いちばん〜だ」という表現

> 〔定冠詞〕 + **più** 〔形容詞〕 **di** ...
> 　　　　　　ピウ　　　　　　ディ

【例】**Elena è la più alta della classe.**
エレーナ　エ　イル　ピウ　アルタ　デッラ　クラッセ

エレーナはクラスでいちばん背が高い。

◤ 過去の表現　近過去と半過去

「～した」「～したことがある」という過去を表す近過去形の作り方

〔助動詞〕**(avere** あるいは **essere)** ＋〔過去分詞〕

【例】**Ho mangiato una pizza.**　私はピザを食べた。
　　　オ　マンジャート　ウナ　ピッツァ

P.25参照

◤ 過去分詞

過去分詞には，動詞が規則的に語尾変化するものと，不規則なものがあります。

【規則形】**amare**（愛する）→ **amato** / **vendere**（売る）→ **venduto**
　　　　　アマーレ　　　　　　　アマート　ヴェンデレ　　　　　　　ヴェンドゥート

　　　　　sentire（聞く）→ **sentito**
　　　　　センティーレ　　　　　センティート

【不規則形】**fare**（～する）→ **fatto** / **venire**（来る）→ **venuto**
　　　　　　ファーレ　　　　　　ファット　ヴェニーレ　　　　　　ヴェヌート

　　　　　　prendere（取る，乗る）→ **preso**
　　　　　　プレンデレ　　　　　　　　プレーゾ

助動詞に **avere** を取る動詞は，すべての他動詞と **lavorare**「働く」，**telefonare**「電話をする」などの一部の自動詞 です。

助動詞に **essere** を取る動詞は，主に状態や移動を表す **andare**，**venire**，**stare** といった自動詞です。

また，助動詞に **essere** を取る場合，過去分詞の語尾は主語の性・数に一致します。

【例】**Mario è andato al concerto.**　マリオはコンサートに行った。
　　　マリオ　エ　アンダート　アル　コンチェルト

PART 1　すぐに使える！イタリア語の基本《発音・文法・基本単語》

◆「〜していた」という過去を表す半過去形の作り方

半過去は，過去のある時点で行為が途中であることを表す表現です。一般的に動詞の原形の語尾の **re** を取って，規則的な語尾を付け替えます。

	-are 動詞	-ire 動詞	-ere の不規則	avere	essere
● 私 io	amavo	venivo	facevo	avevo	ero
● 君 tu	amavi	venivi	facevi	avevi	eri
● 彼, 彼女, あなた lui, lei, Lei	amava	veniva	faceva	aveva	era
● 私たち noi	amavamo	venivamo	facevamo	avevamo	eravamo
● あなたたち voi	amavate	venivate	facevate	avevate	eravate
● 彼ら, 彼女ら loro	amavano	venivano	facevano	avevano	erano

amare → re を取って → amavo

◇ 命令法

「〜しなさい」「〜してください」という命令形の作り方

動詞の語尾が規則的に変化します。 *命令法には1人称単数の活用形はありません。*

	-are 動詞	-ere 動詞	-ire 動詞	essere	avere
● 私 io					
● 君 tu	ama	leggi (読む)	senti (聞く)	sii	abbi
● 彼, 彼女, あなた lui, lei	ami	legga	senta	sia	abbia
● 私たち noi	amiamo	leggiamo	sentiamo	siamo	abbiamo
● あなたたち voi	amate	leggete	sentite	siate	abbiate
● 彼ら, 彼女ら loro	amino	leggano	sentano	siano	abbiano

2人称単数の場合，否定形は **non** + 動詞の原形 となります。

◇ 受動態

「～される」という表現の作り方

> **essere** ＋〔他動詞の過去分詞〕(＋ **da** ＋〈動作主〉)
> エッセレ　　　　　　　　　　　　　　　　ダ

【例】**Quella cantante è amata da tutti.**
　　　クエッラ　カンタンテ　エ　アマータ　ダ　トゥッティ
　　あの女性歌手は誰からも愛されている。

essere の代わりに **venire** が使われることがあります。

> **venire** ＋〔他動詞の過去分詞〕(＋ **da** ＋〈動作主〉)
> ヴェニーレ　　　　　　　　　　　　　　　ダ

【例】**La finestra viene aperta.**　窓は開けられている。
　　　ラ　フィネストラ ヴィエネ アペルタ

「～によって」
da Marco (マルコによって)

【日常生活の基本単語】

■数【基数】

1	**uno** ウーノ		15	**quindici** クインディチ
2	**due** ドゥーエ		16	**sedici** セーディチ
3	**tre** トレ		17	**diciassette** ディチャッセッテ
4	**quattro** クワットロ		18	**diciotto** ディチョット
5	**cinque** チンクェ		19	**diciannove** ディチャンノーヴェ
6	**sei** セイ		20	**venti** ヴェンティ
7	**sette** セッテ		21	**ventuno** ヴェントゥーノ
8	**otto** オット		22	**ventidue** ヴェンティドゥエ
9	**nove** ノーヴェ		30	**trenta** トレンタ
10	**dieci** ディエーチ		40	**quaranta** クワランタ
11	**undici** ウンディチ		50	**cinquanta** チンクワンタ
12	**dodici** ドーディチ		60	**sessanta** セッサンタ
13	**tredici** トレディチ		70	**settanta** セッタンタ
14	**quattordici** クワットルディチ		80	**ottanta** オッタンタ
			81	**ottantuno** オッタントゥーノ

90	**novanta** ノヴァンタ	
100	**cento** チェント	
200	**duecento** ドゥエチェント	
500	**cinquecento** チンクエチェント	
600	**seicento** セイチェント	
1,000	**mille** ミッレ	
2,000	**duemila** ドゥエミーラ	
5,000	**cinquemila** チンクエミーラ	
10,000	**diecimila** ディエーチミーラ	
20,000	**ventimila** ヴェンティミーラ	
100,000	**centomila** チェントミーラ	
1,000,000	**un milione** ウン　ミリオーネ	

◆数字の言い方

34 は **30** と **4**，つまり **trenta + quattro → trentaquattro**

２０から先の数字は，１の位に１と８がくる場合，10 の位の語尾が省略されます。

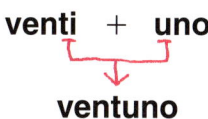

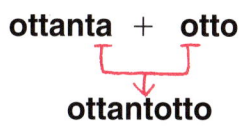

venti ＋ uno
↓
ventuno

ottanta ＋ otto
↓
ottantotto

1000 は **mille** ですが，**2000** 以上は複数形 **mila** となります。

PART 1 すぐに使える！イタリア語の基本《発音・文法・基本単語》

■数【序数】

序数は「**基数詞** + **esimo**」が原則。

1番目（の）	**primo**	プリーモ
2番目（の）	**secondo**	セコンド
3番目（の）	**terzo**	テルツォ
4番目（の）	**quarto**	クワルト
5番目（の）	**quinto**	クイント
6番目（の）	**sesto**	セスト
7番目（の）	**settimo**	セッティモ
8番目（の）	**ottavo**	オッターヴォ
9番目（の）	**nono**	ノーノ
10番目（の）	**decimo**	デーチモ
11番目（の）	**undicesimo**	ウンディチェーズィモ
20番目（の）	**ventesimo**	ヴェンテーズィモ
21番目（の）	**ventunesimo**	ヴェントゥネーズィモ
22番目（の）	**ventiduesimo**	ヴェンティドゥエーズィモ
23番目（の）	**ventitreesimo**	ヴェンティトレーズィモ
24番目（の）	**ventiquattresimo**	ヴェンティクワトレーズィモ
25番目（の）	**venticinquesimo**	ヴェンティチンクエーズィモ
26番目（の）	**ventiseiesimo**	ヴェンティセイエーズィモ
27番目（の）	**ventisettesimo**	ヴェンティセッテーズィモ
28番目（の）	**ventottesimo**	ヴェントッテーズィモ
29番目（の）	**ventinovesimo**	ヴェンティノヴェーズィモ
30番目（の）	**trentesimo**	トレンテーズィモ
40番目（の）	**quarantesimo**	クワランテーズィモ
100番目（の）	**centesimo**	チェンテーズィモ
108番目（の）	**centottesimo**	チェントッテーズィモ
1000番目（の）	**millesimo**	ミッレーズィモ

◆序数の作り方

1 から **10** までは不規則です。それ以降の数字は原則として，基数の最後の母音を省略して **-esimo** を付けます。

ただし，**23** 以上の **3** で終わる基数は **tré** の **e** にアクセントをとって，そのまま **-esimo** を付けます。

33 番目　　trentatreesimo

◆序数を使った言いまわし

《建物の階数》
1 階　primo piano
2 階　secondo piano
3 階　terzo piano

ただし，イタリアでは1階は日本の2階，2階は3階を示します。

日本の1階は，イタリア語では **pianterreno**［ピアンテレーノ］もしくは **piano terra**［ピアノ・テッラ］と言います。

■季節

季節　**stagione**
　　　スタジョーネ

春　　**primanvera**
　　　プリマヴェーラ

夏　　**estate**
　　　エスターテ

秋　　**autunno**
　　　アウトゥンノ

冬　　**inverno**
　　　インヴェルノ

■年

年　　**anno**
　　　アンノ

今年　**quest'anno**
　　　クエスタンノ

来年　**l'anno prossimo**
　　　ランノ　プロッスィモ

昨年　**l'anno scorso**
　　　ランノ　スコルソ

毎年　**ogni anno**
　　　オンニ　アンノ

■月名

1月	**gennaio**	ジェンナイオ
2月	**febbraio**	フェップライオ
3月	**marzo**	マルツォ
4月	**aprile**	アプリーレ
5月	**maggio**	マッジョ
6月	**giugno**	ジューニョ
7月	**luglio**	ルッリオ
8月	**agosto**	アゴスト
9月	**settembre**	セッテンブレ
10月	**ottobre**	オットーブレ
11月	**novembre**	ノヴェンブレ
12月	**dicembre**	ディチェンブレ
月	**mese**	メーゼ
先月	**il mese scorso**	イル メーゼ スコルソ
今月	**questo mese**	クエスト メーゼ
来月	**il prossimo mese**	イル プロッシモ メーゼ

■曜日

月曜日	**lunedì**	ルネディ
火曜日	**martedì**	マルテディ
水曜日	**mercoledì**	メルコレディ
木曜日	**giovedì**	ジョヴェディ
金曜日	**venerdì**	ヴェネルディ
土曜日	**sabato**	サーバト
日曜日	**domenica**	ドメーニカ
週	**settimana**	セッティマーナ
1週間	**una settimana**	ウナ セッティマーナ
先週	**la settimana scorsa**	ラ セッティマーナ スコルサ
今週	**questa settimana**	クエスタ セッティマーナ

来週	**la prossima settimana** ラ プロッシマ セッティマーナ
昨日	**ieri** イエーリ
一昨日	**l'altro ieri** ラルトロ イエーリ
今日	**oggi** オッジ
明日	**domani** ドマーニ
明後日	**dopodomani** ドーポドマーニ
今朝	**questa mattina** クエスタ マッティーナ
今日の午後	**questo pomeriggio** クエスト ポメリッジョ
今晩	**questa sera** クエスタ セーラ
今夜	**questa notte** クエスタ ノッテ

■時間・時刻

時間	**ora** オーラ
分	**minuto** ミヌート
秒	**secondo** セコンド
正午	**mezzogiorno** メッゾジョルノ
午前0時	**mezzanotte** メッザノッテ
1時	**l'una** ルーナ
1時10分	**l'una e dieci** ルーナ エ ディエーチ
2時	**le due** レ ドゥエ
9時15分前	**le nove meno quindici** レ ノーヴェ メーノ クインディチ
11時半	**le undici e mezzo** レ ウンディチ エ メッゾ
10時15分	**le dieci e un quarto** レ ディエーチ エ ウン クワルト
15分	**un quarto** ウン クワルト
30分	**mezzo** メッゾ

■家族

両親	genitori ジェニトーリ
父	padre パードレ
母	madre マードレ
祖父	nonno ノンノ
祖母	nonna ノンナ
兄・弟	fratello フラッテッロ
姉・妹	sorella ソレッラ
義父	suocero スオーチェロ
義母	suocera スオーチェラ
妻	moglie モッリエ
夫	marito マリート
息子	figlio フィッリオ
娘	figlia フィッリア
いとこ（男）	cugino クジーノ
（女）	cugina クジーナ
甥	nipote ニポーテ
姪（めい）	nipote ニポーテ

■体の部位

頭	**testa** テスタ	腕	**braccio** ブラッチョ
髪	**capelli** カペッリ	手	**mano** マーノ
顔	**viso** ヴィーゾ	指	**dito** ディート
額	**fronte** フロンテ	つめ	**unghia** ウンギア
まゆ毛	**sopracciglio** ソプラチッリオ	脚	**gamba** ガンバ
鼻	**naso** ナーゾ	足	**piede** ピエーデ
耳	**orecchio** オレッキオ	胸	**petto** ペット
目	**occhio** オッキオ	腹	**pancia** パンチャ
口	**bocca** ボッカ	背中	**schiena** スキエーナ
歯	**dente** デンテ	もも	**coscia** コッシャ
唇	**labbra** ラッブラ		
舌	**lingua** リングァ		
首	**collo** コッロ		
肩	**spalle**（複数） スパッレ		

■方角・方向

東	**est**	エスト
西	**ovest**	オヴェスト
南	**sud**	スッド
北	**nord**	ノルド
右	**destra**	デストラ
左	**sinistra**	スィニストラ
ここ	**qui**	クイ
あそこ	**là / lì**	ラ／リ
〜の上に	**su**	ス
〜の下に	**sotto**	ソット
〜の前に	**davanti**	ダヴァンティ
〜の後ろに	**dietro**	ディエートロ

■形

丸い	**rotondo**	ロトンド
四角い	**quadrato**	クワドラート
三角形の	**triangolare**	トリアンゴラーレ
だ円形の	**ovale**	オヴァーレ

■色

赤・赤い	**rosso**	ロッソ
白・白い	**bianco**	ビアンコ
青・青い	**azzurro**	アッズッロ
紺・紺の	**blu**	ブル
黄色・黄色い	**giallo**	ジャッロ
黒・黒い	**nero**	ネーロ
緑・緑の	**verde**	ヴェルデ
ピンク・ピンクの	**rosa**	ローザ
茶色・茶色の	**marrone**	マッローネ

PART 2
すぐに話せる！イタリア語の頭出しパターン15

1.「私は〜です」

Sono 〜.
ソーノ

■自己紹介をするときのパターン

　Sono の後に，自分の名前や職業・国籍を表す語を続けて，自分自身のことを紹介するときの表現パターン。sono は英語の **be** 動詞に相当する動詞 **essere**［エッセレ］（ある，いる）（辞書の見出し形）の活用形で，主語の **io** に対して変化した形です。

例文で使い方をマスターしましょう！

□ 私は日本人です。

ソーノ　　　ジャポネーゼ
Sono giapponese.
　　　　日本人

□ ぼくは会社員です。

ソーノ　　　インピエガート
Sono impiegato.
　　　　会社員

（手書き注：女性は impiegata インピエガータ）

□ ぼく［私］は公務員です。

ソーノ　　ウン　プッブリコ　　フンツィオナーリオ
Sono un pubblico funzionario.
　　　　　　　　　　公務員

□ ぼくは店員です。

ソーノ　　　コンメッソ
Sono commesso.
　　　　店員

（手書き注：女性の店員は commessa コメッサ）

2.「〜をお願いします」

〜, per favore.
ペル　ファヴォーレ

■相手に何かをお願いするときのパターン

人に何かを頼んだり物を注文する場合に広く使われるパターンです。

ほしいものの後ろに **per favore** を付けるだけで「〜をください」と伝えることができます。英語の *please* に相当します。**per** は「〜によって，〜を介して」という意味。**favore** は「好意，親切」の意味。

例文で使い方をマスターしましょう！

□ カプチーノを1つお願いします。

ウン　カップッチーノ　　　　ペル　　ファヴォーレ
Un cappuccino, per favore.
カプチーノ1つ

□ お勘定をお願いします。

イル　コント　　　ペル　　ファヴォーレ
Il conto, per favore.
その　勘定

□ ここに書いてください。

スクリーヴァ　クイ　　ペル　　ファヴォーレ
Scriva qui, per favore.
書く　　ここに

□ すみません，お願いします。

センタ　　　　ペル　　ファヴォーレ
Senta, per favore.
聞いてください

（手書き注：sentire（聞く）の3人称単数の命令形）

3.「〜がほしいのですが」

Vorrei + ほしい物．
ヴォッレイ

■「〜がほしい」とていねいに伝えるパターン

「物を買うとき」や「ほしい物を伝えるとき」などに使うパターン。
vorrei の後に名詞を置けば，「〜がほしいのですが」の気持ちを，ていねいな言い方で伝えることができます。レストラン，ショッピング，ホテルなどの場面で使えるとても活用の広い言い方です。

例文で使い方をマスターしましょう！

□ これをください。

ヴォッレイ　クエスト
Vorrei questo.
　　　　　これ

「それを」なら quello［クエッロ］

□ カプチーノをください。

ヴォッレイ　ウン　カップッチーノ
Vorrei un cappuccino.
　　　　　　　　カプチーノ

複数形は cappucini

□ ハンバーガーとコーヒーをください。

ヴォッレイ　ウン　ハンブルゲール　エ　ウン　カッフェ
Vorrei un hamburger e un caffè.
　　　　　　　ハンバーガー　　と　　　コーヒー

□ 内線 135 番をお願いします。

ヴォッレイ　リンテールノ　チェントトレンタチンクエ
Vorrei l'interno 135.
　　　　　　内線

4.「～したいのですが」

Vorrei + 動詞の原形 ～.
ヴォッレイ

■「～がしたい」とていねいに伝えるパターン

Vorrei の後に動詞を置くと、「買いたい」「電話したい」「両替したい」「見たい」などといったさまざまな気持ちが表現できます。

動詞 **vorrei** の次にその目的となる動詞が続くとき、2つ目からは必ず原形（辞書の見出し形）の動詞にします。英語の *I'd like to* に相当します。

例文で使い方をマスターしましょう！

□ ちょっと休息したいのですが。

ヴォッレイ　リポザルミ　　　　ウン　ポ
Vorrei riposarmi un po'.
　　　　　休息する　　　　　　　　少し

□ ピザを食べたいのですが。

ヴォッレイ　マンジャーレ　　ウナ　　ピッツァ
Vorrei mangiare una pizza.
　　　　　食べる　　　　　1つの　ピザ

□ プレゼントを買いたいのですが。

ヴォッレイ　コンプラーレ　　ウン　レガーロ
Vorrei comprare un regalo.　　人にあげる
　　　　　買う　　　　　　1つの　プレゼント　プレゼント

□ コロセウムへ行きたいのですが。

ヴォッレイ　アンダーレ　　アル　コロッセオ
Vorrei andare al Colosseo.
　　　　　行く　　　　　　コロセウムへ

5.「〜がありますか？」

Avete ~? / C'è ~?
　アヴェーテ　　　　　　チェ

■「ほしいものがあるか」と尋ねるときのパターン

　ショッピングやレストランなどでの食事の時に，自分のほしいものがあるかどうかを尋ねるときに用いるパターン。**avete** は動詞 **avere**［〜を持つ］の2人称複数の活用形。英語の *there is* にあたる言葉です。次に来る名詞が複数の場合は，essere 動詞が変化して，**ci sono** となります。

例文で使い方をマスターしましょう！

□ ほかの色はありますか？

アヴェーテ　ウナルトロ　　コローレ
Avete un altro colore?
　　　　　　ほかの　　色

□ 甘口のワインはありますか？

アヴェーテ　デイ　ヴィーニ　ドルチ
Avete dei vini dolci?
　　　　　　　ワイン　甘口

（手書き）これは複数形　単数形は dolce

□ 電話はありますか？

チェ　ウン　テレーフォノ
C'è un telefono?
　　　　　　電話

□ チケット2枚ありますか？

チ　ソーノ　　ドゥーエ　ビリエッティ
Ci sono due biglietti?
　　　　　　　2　　　チケット

6.「〜してもいいですか？」

Posso + 動詞の原形 ~?
ポッソ

■**相手に許可を求めるときのパターン**

「〜してもいいですか？」「〜できますか？」と自分の行動の許可を相手に求めるときの表現です。**posso** の後には，動詞の原形をつづけます。

Potrei ~? は **Posso** よりていねいな聞き方です。英語の *May I ~?* に相当します。

例文で使い方をマスターしましょう！

□ 入ってもいいですか？

ポッソ　　　エントラーレ
Posso entrare?
　　　　　　入る

□ ここに座ってもいいですか？

ポッソ　　　セデールミ　　　クイ
Posso sedermi qui?　　もとの動詞は再帰動詞 Sedersi
　　　　　　座る　　　　ここに

□ さわってもいいですか？

ポッソ　　　トッカーレ
Posso toccare?
　　　　　　さわる

□ 窓を開けてもいいですか？

ポッソ　　　アプリーレ　　ラ　フィネーストラ
Posso aprire la finestra?
　　　　　　開ける　　　　　　窓

7.「〜していただけますか？」

Mi può + 動詞の原形 **?**
ミ　プォ

■ 人に自分に関わる頼み事をするときのパターン

　自分に関わる頼みごと（依頼）をするときのていねいな言い方が **Mi può** ＋動詞の原形 **~?** のパターンです。**può** は動詞 **potere**（〜できる）の3人称単数の活用形です。「私に」という意味の **mi** を付け加えることで，**mi può ~** は「私に〜してもらえますか？」という依頼の表現になります。

> 例文で使い方をマスターしましょう！

□ メニューを持ってきていただけますか？

ミ　プォ　　ポルターレ　イル メヌー
Mi può portare il menù?
　　　　　持ってくる　　　メニュー

□ タクシーを呼んでいただけますか？

ミ　プォ　　キアマーレ　　　ウン　タッスィー
Mi può chiamare un tassì?
　　　　　呼ぶ　　　　　　　　タクシー

（手書き注：単複同形の男性名詞）

□ 袋をいただけますか？

ミ　プォ　ダーレ　ウン　サッケット
Mi può dare un sacchetto?
　　　　与える　　　　袋

□ 扉を開けていただけますか？

ミ　プォ　　アプリーレ　ラ　ポルタ
Mi può aprire la porta?
　　　　　開ける　　　　扉

8.「私は〜した」

Ho + 過去分詞. / Sono + 過去分詞.
オ　　　　　　　　　　　　ソーノ

■過去のできごとや体験を表現するパターン

　現在までにしてしまったこと，過去の経験を表すとき，近過去という過去時制を使います。近過去形には2つの助動詞，**avere** と **essere** の2つが用いられます。どちらを使うかは動詞によって決まっています。

例文で使い方をマスターしましょう！

□ 私はピザを食べた。

オ　　　マンジャート　　ウナ　　ピッツァ
Ho mangiato una pizza.
私は　　食べた　　　　　　　　ピザ

□ 私はイタリア語を勉強した。

オ　　ストゥディアート　イタリアーノ
Ho studiato italiano.
私は　勉強した　　　　イタリア語

Studiare（勉強する）の過去分詞

□ これを買った。

オ　　コンプラート　　　クエスト
Ho comprato questo.
私は　買った　　　　　これ

□ 私はイタリアへ行った。

ソーノ　　アンダータ　　イニターリア
Sono andata in Italia.
私は　　　行った　　　　イタリアに

9.「何？／何の？」

Che cosa ~? / Che ~?
ケ　　　コーザ　　　　　　　　ケ

■何かわからないもの尋ねるパターン

　che は「何の〜？　どんな〜」を意味する疑問詞です。また，**cosa** は「もの，こと」という名詞です。**che cosa** のあとに **essere**（ある，いる）をつけると，「〜何ですか？」という疑問文になります。**che** のあとに直接名詞が来て，「どのような〜，何の〜」という疑問形になります。

例文で使い方をマスターしましょう！

□ 何がいいですか？

ケ　　　　コーザ　　　デシーデラ
Che cosa desidera?
　　　　　　　（あなたは）ほしい

□ この香りは何ですか？

ケ　　コゼー　　クエスト　　プロフーモ
Che cos'è questo profumo?
　　　　　　　　この　　　　香り

= cosa + è の短縮した形

□ 天気はどうですか？

ケ　　テンポ　　ファ
Che tempo fa?
どんな　天気

「時間」のほかに「天気」の意味も。

□ どんな色がありますか？

ケ　　コローリ　　アヴェーテ
Che colori avete?
どんな　色　　　あります

10.「どのように〜？」

Come + 疑問文 ?
コメ

■ 物事の様子などを尋ねるパターンです。

「どのように，いかにして」という，英語の *how* に相当する言葉です。quando と同じように名詞を修飾することはありませんので，語形の変化はありません。

com'è は come ＋ è の省略形です。

> 例文で使い方をマスターしましょう！

□ この通りの名前はなんですか？

コメ　　スィ キアーマ　　クエスタ　　ヴィーア
Come si chiama questa via?
　　　　名前を呼ぶ　　　　この　　　　通り

□ どうすればよいでしょうか？

コメ　　ファッチョ
Come faccio?
　　　　私はする

□ 調子はどうですか？

コメ　　スタ
Come sta?
　　　　あなたは状態である

□ このワインはどうですか？

コメ　　　クエスト　　ヴィーノ
Com'è questo vino?
　　　　　この　　　　ワイン

PART 2
すぐに話せる！イタリア語の基本パターン

11.「いつ？」

Quando ~?
クワンド

■知りたい「時」について尋ねるパターン

「いつ？」と尋ねる言い方です。**quando** だけで使われることもありますが，そのあとに疑問文をつければ，さまざまな状況に対応できます。

疑問副詞なので，名詞を修飾することはありません。したがって，語尾が変化することはありません。英語の *when* に相当する言葉です。

例文で使い方をマスターしましょう！

□ いつ会いましょうか？

クワンド　チ ヴェディアーモ
Quando ci vediamo?
　　　　　　会う

「お互いに会う」の意味。

□ 列車はいつ出ますか？

クワンド　　パルテ　イル トレーノ
Quando parte il treno?
　　　　　 出発する　　列車

□ いつ戻りますか？

クワンド　　リトルナ
Quando ritorna?

□ いつ仕上がりますか？

クワンド　　サラー　プロント
Quando sarà pronto?
　いつ　　 ～だろう 準備ができた

12.「どこ？」

Dove ~?
ドヴェ

■ 知りたい「場所」について尋ねるパターン

　dove は「どこ？」の意味で使われる疑問副詞です。道を尋ねるときや，場所を知りたいときに使います。**Dove** ＋ **essere** 動詞で，「どこにありますか？」という疑問文ができます。よく使われるのは **Dov'è** という表現です。**Dove è** ~? → **Dov'è** ~?　　英語の *where* に相当します。

例文で使い方をマスターしましょう！

□ どちらへ行かれますか？

ドヴェ　　デーヴェ　　アンダーレ
Dove deve andare?
　　　　～つもり　行く

□ 君はどこにいるのですか？

ドヴェ　　セイ
Dove sei?
　　　　君はいる

□ 私の席はどこですか？

ドヴェー　　イル ミオ　　ポスト
Dov'è il mio posto?
　　　　私の　　席

「場所」という意味。

□ エレベーターはどこですか？

ドヴェー　　ラッシェンソーレ
Dov'è l'ascensore?
　　　　エレベーター

13.「どの？／どちらの？」

Quale(i) + ~?
クワーレ ／クワーリ

■知りたい「選択」について尋ねるパターン

「どの？」「どちらの？」と尋ねるときの言い方です。
母音の前で，quale の語尾の e が省略されます。
ただし，この場合では，アポストロフィ（'）はつけません。

例文で使い方をマスターしましょう！

□ どれがいいですか？

クワーレ　　プレフェリッシェ
Quale preferisce?

□ どの本がいいですか？

クワーリ　　リーブリ プレフェリッシェ
Quali libri preferisce?
　　　　　本

※ Quale の語尾の e が省略されている。

□ 次の駅はどこですか？

クワーレ　　ラ　プロッスィマ　　スタツィオーネ
Qual è la prossima stazione?
　　　　　　　　次の　　　　　　　駅

□ この服の値段はどのくらいですか？

クワーレ　　イル プレッツォ　ディ クエスタ　　ヴェスティート
Qual è il prezzo di questo vestito?
　　　　　　　　値段　　　　　　この　　　　　服

56

14.「量」を尋ねる

Quanto(a) + 名詞の単数形 ?
クワント / クワンタ

■知りたい「量」について尋ねるパターン

　Quanto[a] と単数形にすると「量」を尋ねる言い方になります。
　また，対応する名詞がなく，男性単数形 **Quanto**? 単独で，「値段」や「距離」を表すことがあります。

例文で使い方をマスターしましょう！

□ どのくらい停車していますか？

クワント　　スタ　　フェルモ　　イル トレーノ
Quanto sta fermo il treno?
　　　　　　状態である　じっとしている　列車

□ どのくらい時間がかかりますか？

クワント　　テンポ　　チ　ヴオーレ
Quanto tempo ci vuole?
　　　　　　時間　　　　　かかる

□ 全部でいくらになりますか？

クワント　　ファ イン トゥット
Quanto fa in tutto?
　　　　　　　　　　全部で

□ 入場料はいくらですか？

クワント　　コスタ　　リングレッソ
Quanto costa l'ingresso?
　　　　　　お金がかかる　入場料

PART 2　すぐに話せる！イタリア語の基本パターン

15.「数」を尋ねる

Quanti(e) + 名詞の複数形 ?
クワンティ / クワンテ

■ 知りたい「数」について尋ねるパターン

　Quanti[e] と複数形にすると「どれくらい」〈数〉を尋ねる言い方になります。

　また，対応する名詞をつけず，男性複数形 **Quanti?** と単独で，「人数」を表すことがあります。

例文で使い方をマスターしましょう！

□ 何分ですか？

クワンティ　　ミヌーティ
Quanti minuti?
　　　　　　分

□ お年はいくつですか？

クァンティ　アンニ　ア
Quanti anni ha?　　annoの複数形
　　　　年齢　持つ

□ 何回？

クワンテ　　ヴォルテ
Quante volte?
　　　　　回数

□（荷物は）何個ですか？

クワンテ　　ヴァリージェ　ア
Quante valigie ha?
　　　　旅行カバン

PART 3

すぐに話せる！よく使う
基本・日常表現

1 Lezione 日常のあいさつ

ショート対話

【初対面で】

□ A: はじめまして。

ピアチェーレ
Piacere.

□ B: はじめまして。（こちらこそよろしく）

ピアチェーレ　ミオ
Piacere mio.

□ A: お目にかかれてうれしいです。

モルト　　　リエート（タ）
Molto lieto(a).

□ 私の名前はカオリです。

ミ　　キァーモ　　　カオリ
Mi chiamo Kaori.

関連表現・事項

■ Buongiorno の意味は？

Buongiorno
↓
Buon（よい）＋ **giorno**（日）
↓
「よい1日をお過ごしください」

すぐに使えるフレーズ

【日常の場面で】

〈あらたまった会話で〉

☐ A: お元気ですか？

コメ　スタ
Come sta?
　　　　　あなたは状態である

☐ B: 元気です。ありがとう。あなたは？

ベーネ　グラッツィエ　エ　レイ
Bene, grazie. E Lei?

〈親しい人との会話で〉

☐ A: お元気？

コメ　スターイ
Come stai?

☐ B: 元気よ。あなたは？

ベーネ　エ トゥ
Bene. E tu?

☐ こんにちは。

ブォンジョルノ
Buongiorno.

☐ おはよう。／こんにちは。（朝から昼間）

ブォンジョルノ
Buongiorno.

☐ こんばんは。（遅い午後から夜）

ブゥオナ　セーラ
Buona sera.

2 Lezione 別れぎわの一言

ショート対話

□ A: また，お会いしましょう。

チ ヴェディアーモ
Ci vediamo.

□ B: さようなら。

アッリヴェデルチ
Arrivederci.

□ A: よい旅行を。

ブオン　ヴィアッジョ
Buon viaggio.
　よい　　　旅

□ B: ありがとう，あなたも。

グラッツィエ　アンケ　ア　レイ
Grazie, anche a Lei.
ありがとう　　　あなたも

関連表現・事項

■親しい相手以外には，敬称をつけてあいさつしましょう。

（男性に対して）　　　**signore** ［スィニョーレ］

（既婚女性に対して）　**signora** ［スィニョーラ］

（未婚女性に対して）　**signorina** ［スィニョリーナ］

すぐに使えるフレーズ

□ さようなら。/（ていねいに）さようなら。

アッリヴェデルチ　　　アッリヴェデールラ
Arrivederci. / ArrivederLa.

□ やあ。/ またね。

チャオ
Ciao.

□ また，近いうちに。

ア　プレスト
A presto.

□ また明日。

ア　ドマーニ
A domani.

□ また後で。

ア　ドーポ　　　　　ア　ピュー　タルディ
A dopo. / A più tardi.

□ A: よい夜を。

ブゥオナ　　セラータ
Buona serata.　　（ジョルナータ giornata 1日）
　よい　　　夜

□ おやすみなさい。

ブォナノッテ
Buonanotte.

3 Lezione 感謝する/あやまる

ショート対話

☐ A: ありがとう。

グラッツィエ
Grazie.

☐ B: どういたしまして。

プレーゴ
Prego.

☐ A: ごめんなさい。

ミ スクーズィ
Mi scusi.

☐ B: 構いません。／気にしないでください。

ノン ファ ニエンテ
Non fa niente.

関連表現・事項

☐ 招待をありがとう。　　　グラッツィエ ペル リンヴィト
Grazie per l'invito.

☐ プレゼントをありがとう。　グラッツィエ ペル イル レガーロ
Grazie per il regalo.

☐ 手紙をありがとう。　　　グラッツィエ ペル ラ レッテラ
Grazie per la lettera.

すぐに使えるフレーズ

【感謝する】

□ ありがとうございます。(ていねいな言い方)

グラッツィエ　ミッレ
Grazie mille.

□ 何でもありません。

ディ　ニエンテ
Di niente.

□ こちらこそ。

グラッツィエ　ア　レイ
Grazie a Lei.

【あやまる】

□ すみません（お嬢さん）。(未婚女性に対して)

スクーズィ　スィニョリーナ
Scusi, signorina.

スィニョール
Signore （男性に対して）
スィニョーラ
Signora （既婚女性に対して）

□ たいへん失礼しました。

ミ　スクーズィ　タント
Mi scusi tanto.

□ 申し訳ありません。

レ　キエード　スクーザ
Le chiedo scusa.

□ 気にしないでください。

ノン　ファ　ニエンテ
Non fa niente. — 何も（〜ない）

PART 3 すぐに話せる！よく使う基本・日常表現

4 Lezione はい，いいえ

ショート対話

□ A: もう一度言ってくれますか？

プオ　リペーテレ　　ペル　ファヴォーレ
Può ripetere, per favore?

□ B: はい。

スィ
Sì.

□ A: ゆっくり話してください。

プオ　パルラーレ　レンタメンテ　　ペル　ファヴォーレ
Può parlare lentamente, per favore?

□ B: わかりました。

オ　カピート
Ho capito.

関連表現・事項

【聞き返す】

□ えっ？　　　　　　　　スクーズィ
　　　　　　　　　　　　Scusi?

□ えっ？/なんですか？　　コメ
　　　　　　　　　　　　Come?

□ 本当ですか？　　　　　エ ヴェーロ
　　　　　　　　　　　　È vero?

すぐに使えるフレーズ

☐ ええ，喜んで。

スィ　ヴォレンティエーリ
Sì, volentieri.

コン　　ピアチェーレ
Con piacere.

☐ ええ，お願いします。

スィ　グラッツィエ
Sì, grazie.

☐ いいえ。

ノ
No.

☐ いいえ，結構です。

ノ　　グラッツィエ
No, grazie.

☐ A: 私の言ったことがわかりましたか？

ア　　カピート
Ha capito? P.25参照

☐ B: わかりません。

ノ　　ノ　　カピート
Non ho capito.

Lezione 5 感情を伝える

よく使う表現

□ 信じられない！

インクレディービレ
Incredibile!

□ とてもうれしい！／いいなぁ！／とてもきれい！

ケ　　ベッロ
Che bello!

□ 楽しかった！

ミ　ソーノ　ディヴェルティート（タ）　モルト
Mi sono divertito(a) molto.

→ 話者が女性の場合は，**divertitoa**

□ すごい！

マンニーフィコ（カ）
Magnifico(a)!

→ ほめられる人や物が女性または女性名詞の場合は，**Magnifica!**

関連表現・事項

□ 残念！

ケ　　ペッカート
Che peccato!

□ 悲しい。

ミ　セント　ジュ
Mi sento giù.

すぐに使えるフレーズ

□ すばらしい！

メラヴィッリオーゾ（ザ）
Meraviglioso(a)!

→ ほめられる人や物が女性または女性名詞の場合は，**Mervigliosa !**

□ すてき！

ファンタスティコ（カ）
Fantastico(a)!

→ ほめられる人や物が女性または女性名詞の場合は，**Fantastica!**

□ 元気を出して！

ス　コン　ラ　ヴィタ
Su con la vita!

□ ああ悲しい！

ケ　　　トリステッツァ
Che tristezza!

□ 残念です。／ごめんなさい。

ミ　　ディスピアーチェ
Mi dispiace.

□ 泣かないで！

ノン　　ピアンジェレ
Non piangere.

PART 3 すぐに話せる！よく使う基本・日常表現

【お祝いのことば】

□ おめでとう！

アウグーリ
Auguri!

□ お誕生日おめでとう！

ブオン　コンプレアンノ
Buon compleanno!

□ 明けましておめでとう！

アウグーリ　ディ ブオナンノ
Auguri di Buon Anno!

→ **Buon Anno!** だけでもＯＫ

□ メリークリスマス！

ブオン　ナターレ
Buon Natale!

□ 結婚おめでとう！

アウグーリ　ディ ウン フェリーチェ マトリモーニオ
Auguri di un felice matrimonio!

― Congratulazioni! でもOK.
コングラテュラツィオーニ

【呼びかけ】

□ すみませんが。

センタ
Senta.

□ ちょっとお願いします。（男性へ）

スィニョーレ　　ペル　　ファヴォーレ
Signore, per favore.

□ もしもし。（電話で）

プロント
Pronto?

【あいづちを打つときに】

□ ほんと!?

ダッヴェーロ
Davvero!?

□ そうですね。

エ　ジャ
E già.

□ もちろん。

チェルト
Certo.

Lezione 6 自己紹介する / 挨拶をする

ショート対話

☐ A: どちらの出身ですか？

レイ ディ ドヴェー
Lei di dov'è? ― 出身地を聞く定番文句
あなたは どこから

☐ B: 東京です。

ソーノ ディ トーキョ
Sono di Tokyo.

☐ A: 日本人ですか？

エ ジャッポネーゼ
È giapponese? ― 男女同形
あなたは 日本人

☐ B: そうです。/ いいえ。

スィ ノ
Sì. / No.
はい いいえ

関連表現・事項

☐ A: 私はナポリ出身。あなたは？

ソノ ディ ナポリ エ トゥ
Sono di Napoli, e tu?

☐ B: 私は京都よ。

ソノ ディ キョート
Sono di Kyoto.

すぐに使えるフレーズ

☐ A: ご職業は何ですか？

ケ　　　ラヴォーロ　　ファ
Che lavoro fa?
　何　　　職業　　あなたはする

☐ B: 私は会社員です。

ソーノ　　　インピェガート　　　　インピェガータ
Sono impiegato[impiegata].
　私は〜です　　会社員　　　　　　女性の会社員

☐ B: 私は学生です。

ソーノ　　　ストゥデンテ　　　ストゥデンテッサ
Sono studente[studentessa].
　私は〜です　　学生　　　　　女学生

→ 身分や職業で，女性の場合，語尾に **-essa** がつくことがあります。
　professoressa［プロフェッソレッサ］女性の教師，
　avocatessa［アヴォカテッサ］女性の弁護士

☐ A: 私は 26 歳，あなたは？

オ　　アンニ　　エ　トゥ
Ho 26 anni, e tu?　　→ 26［ヴェンティセイ］
　私は持つ　26 歳

☐ B: 私は 28 歳です。

オ　　アンニ
Ho 28 anni.　　→ 28［ヴェントット］
　　28 歳

PART 3

すぐに話せる！よく使う基本・日常表現

□ A: あなたの趣味は何ですか？

クアレ　　イル スオ　　オッビ
Qual è il Suo hobby?
どれですか　　　あなたの　　趣味

□ B: 私の趣味は音楽鑑賞です。

ミ　　ピアーチェ　アスコルターレ　　ラ　　ムーズィカ
Mi piace ascoltare la musica.
私は好きだ　　　　聴く　　　　　　　音楽

□ お話ができてうれしかったです。

エ　スタート　ウン　ピアチェーレ　　パルラーレ　コン　　レイ
È stato un piacere parlare con Lei.
　〜でした　　　　喜び　　　　　話す　　　　　　あなた

□ 住所を教えてください。

ポッソ　　　アヴェーレ イル スオ　インディリッツォ
Posso avere il Suo indirizzo?
〜してもいいですか 持つ　あなたの　　住所

□ メールアドレスを教えていただけますか？

ミ　プオ　ダーレ　イル スオ　インディリッツォ エーメイル
Mi può dare il Suo indirizzo e-mail?
〜していただけますか　　　あなたのメールアドレス

☐ お会いできてうれしかったです。

エ スタート ウン ピアチェーレ コノーシェルラ
È stato un piacere conoscerLa.
～でした　　　　喜び　　　　あなたを知る

☐ また，お会いしましょう。

チ ヴェディアーモ
Ci vediamo.
　　　　会いましょう

→ **ci vediamo** は **vedersi** 動詞（お互いに会う）の **noi**（私たち）の活用形。

☐ A: よい旅行を。

ブオン ヴィアッジョ
Buon viaggio.
　よい　　　旅

☐ B: ありがとう，あなたも。

グラッツィエ アンケ ア レイ
Grazie, anche a Lei.
ありがとう　　また　　　あなたも

☐ A: さようなら。

アッリヴェデールチ
Arrivederci.

PART 3

すぐに話せる！よく使う基本・日常表現

Lezione 7 イタリア語, イタリア

ショート対話

□ A: イタリア語を話しますか？

<ruby>パルラ</ruby> <ruby>イタリアーノ</ruby>
Parla italiano?

□ B: はい, イタリア語を話します。

<ruby>スィ</ruby> <ruby>パルロ</ruby> <ruby>イタリアーノ</ruby>
Sì, parlo italiano.

□ A: どちらへ行かれるのですか？

<ruby>ドヴェ</ruby> <ruby>スタ</ruby> <ruby>アンダンド</ruby>
Dove sta andando?
　どこ　あなたは行きつつある

□ B: ミラノです。

<ruby>ヴァード</ruby> <ruby>ア</ruby> <ruby>ミラーノ</ruby>
Vado a Milano.

関連表現・事項

□ あなたはいつミラノに出発するの？

クワンド　パルティ　ペル　ミラーノ
Quando parti per Milano?

□ 何年ここに住んでいるのですか？

ダ　クワンテイ　アンニ　アービタ　クイ
Da quanti anni abita qui?

すぐに使えるフレーズ

☐ イタリア語を2年前から勉強しています。

ストゥディオ リタリアーノ ダ ドゥエ アンニ
Studio l'italiano da due anni.
勉強する　イタリア語　～から　2　年

italianoとも言います。

☐ あいにく、イタリア語が話せません。

ミ ディスピアーチェ ノン パルロ イタリアーノ
Mi dispiace, non parlo italiano.
残念ながら　　　～ない　話す　　イタリア語

☐ イタリアは初めて［2回目］です。

エ ラ プリーマ［セコンダ］ ヴォルタ ケ ヴェンゴ イン イターリア
È la prima[seconda] volta che vengo in Italia.
～です　はじめて　　　　　　　　　　私が来る　　イタリアに

☐ イタリアが好きです。

ミ ピアーチェ リターリァ
Mi piace l'Italia.
　　気に入られる

☐ （ぜひとも）イタリア語を学びたい。

ヴォッリオ インパラーレ リタリアーノ
Voglio imparare l'italiano.
～したい　　学習する　　　イタリア語

☐ これはどういう意味ですか？

ケ コーザ ヴォル ディーレ
Che cosa vuol dire?
何ですか

PART 3　すぐに話せる！よく使う基本・日常表現

77

■友だち作り

●国名・人・言葉

日本	**Giappone** (m) ジャッポーネ
日本人・語	**giapponese** (m,f) ジャッポネーゼ
イタリア	**Italia** (f) イターリア
イタリア人	**italiano(a)** イタリアーノ（ナ）
イタリア語	**italiano** (m) イタリアーノ
フランス	**Francia** (f) フランチャ
フランス人・語	**francese** (m,f) フランチェーゼ
ドイツ	**Germania** (f) ジェルマーニア
ドイツ人	**tedesco(a)** テデスコ（カ）
ドイツ語	**tedesco** (m) テデスコ
スペイン	**Spagna** (f) スパーニャ
スペイン人	**spagnolo(a)** スパニョーロ（ラ）
スペイン語	**spagnolo** (m) スパニョーロ
中国	**Cina** (f) チーナ
中国人・語	**cinese** (m,f) チネーゼ
アメリカ	**America** (f) アメーリカ
アメリカ人	**americano(a)** アメリカーノ（ナ）
イギリス	**Inghilterra** インギルテッラ
イギリス人・英語	**inglese** (m,f) イングレーゼ
スイス	**Svizzera** (f) スヴィッツェラ
スイス人	**svizzero(a)** スヴィッツェロ（ラ）

● 職業

日本語	イタリア語	カナ
学生	**studente(ssa)**	ストゥデンテ（ッサ）
サラリーマン	**impiegato(a)**	インピエガート（タ）
エンジニア	**ingegnere** (m, f)	インジェンニェーレ
公務員	**dipendente statale** (m, f)	ディペンデンテ スタターレ
教師	**insegnante** (m, f)	インセンニャンテ
医者	**medico** (m, f)	メディコ
看護師	**infermiere(a)**	インフェルミエーレ（ラ）
主婦	**casalinga** (f)	カザリンガ
店員	**commesso(a)**	コンメッソ（サ）
先生	**professore(ssa)**	プロフェッソーレ（ソレッサ）

● 趣味・その他

日本語	イタリア語	カナ
趣味	**hobby** (m)	オッビ
旅行	**viaggio** (m)	ヴィアッジョ
料理	**cucina** (f)	クチーナ
読書	**lettura** (f)	レットゥーラ
釣り	**pesca** (f)	ペスカ
サッカーファン	**tifosi di calcio** (m)	ティフォースィ ディ カルチョ
インターネット	**Internet** (m)	インテルネット

PART 3 すぐに話せる！よく使う基本・日常表現

◆「〜しなければならない」の表現

Dovere（ドヴェーレ）＋ 動詞の原形 を使って表現します。

● **dovere**（〜しなければならない）の活用形

io	**devo** [デーヴォ]
tu	**devi** [デーヴィ]
lui, lei, Lei	**deve** [デーヴェ]
noi	**dobbiamo** [ドッビアーモ]
voi	**dovete** [ドヴェーテ]
loro	**devono** [デーヴォノ]

□ 私は今，電話しなければなりません。
デーヴォ　テレフォナーレ　アデッソ
Devo telefonare adesso.

◆「〜しなければなりませんか？」の表現

デーヴォ
Devo ＋ 動詞の原形 ~？

□ 乗り換える必要がありますか？
デーヴォ　カンビアーレ
Devo cambiare?

□ テーブルを予約しなければなりませんか？
デーヴォ　プレノターレ　ウン　ターヴォロ
Devo prenotare un tavolo?

PART 4

すぐに話せる！
イタリア旅行
重要フレーズ

8 Lezione 機内で・空港で

ショート対話

□ A: お飲物は何がいいですか？

コーザ　ヴォーレ　ダ　ベーレ
Cosa vuole da bere?

□ B: どんな飲み物がありますか？

ケ　　ビビーテ　アヴェーテ
Che bibite avete?

□ A: コーヒー，紅茶，ジュース，ビールなどがございます。

アッビアーモ　デル　カッフェ　デル　テ　デル　スッコ　ディ
Abbiamo del caffè, del tè, del succo di
　　　　　　　　　コーヒー　　紅茶　　　ジュース

フルッタ　　デッラ　　ビッラ
frutta, della birra.
　　　　　　　　ビール

関連表現・事項

■「〜の前，〜の後ろ…」

- 「〜の前です」
  È davanti 〜.
  エ　ダヴァンティ

- 「〜の後ろです」
  È dietro 〜.
  エ　ディエートロ

- 「ここです」
  È qui.
  エ　クイ

- 「あちらです」
  È lì.
  エ　リ

すぐに使えるフレーズ

☐ A: 私の席はどこですか？

ドヴェー　イル　ミオ　ポスト
Dov'è il mio posto?
どこですか　私の　　席

「場所」という意味の男性単数名詞

→ **mio** は「私の」という所有形容詞の男性単数形です。

☐ B: 左側です。

エ　ア　スィニストラ
È a sinistra.

→ 「右側です」**È a destra.** [エ ア デストラ]

☐ 荷物をここに置いてもいいですか？

ポッソ　　　メッテレ　　　クイ　ラ　ミア　　ヴァリージャ
Posso mettere qui la mia valigia?
〜してもいいですか　置く　　　　　　　　　　　荷物

☐ A: お飲物はいかがですか？

コザ　　　デシーデラ　　ダ　　ベーレ
Cosa desidera da bere?
物　　　欲する　　　　　　飲む

☐ B: オレンジジュースをください。

ウン　スッコ　　ダランチャ　　　ペル　ファヴォーレ
Un succo d'arancia, per favore.
　　　オレンジジュース　　　　　お願いします

☐ 日本語の新聞はありますか？

アヴェーテ　デイ　ジョルナーリ　　ジャポネーズィ
Avete dei giornali giapponesi?
ありますか　　　日本語の新聞

PART 4

すぐに話せる！イタリア旅行重要フレーズ

□ 日本語の雑誌はありますか？

アヴェーテ　デッレ　リヴィステ　ジャポネーズィ
Avete delle riviste giapponesi?
ありますか　　　　　日本語の雑誌

□ A: お食事は牛肉，とり肉，魚のどれがよろしいですか？

コーザ　　プレフェリッシェ　　カールネ　ディ　マンヅオ　　ポッロ　オ
Cosa preferisce, carne di manzo, pollo o
どれを　　あなたは好みます　牛肉　　　　　　　　とり肉　または

ペッシェ
pesce?
魚

英語の"or"に相当

□ B: 魚にしてください。

ペッシェ　ペル　ファヴォーレ
Pesce, per favore.
魚　　　お願いします

□ 気分が悪いのですが。／少し気分が悪いのですが。

ミ　セント　マーレ　　ノン　ミ　セント　ベーネ
Mi sento male. / Non mi sento bene.
私は感じる　　悪く　　　　　　　　　　　　よく

□ 寒いのですが。

オ　フレッド
Ho freddo.

□ 暑いのですが。

オ　カールド
Ho caldo.

□ 何か薬をください。

ポトゥレイ　アヴェーレ　クアルケ　メディチーナ　　ペル　ファヴォーレ
Potrei avere qualche medicina, per favore?
　　　　　　　持つ　　　何か　　　　薬　　　　　　　　お願いします

「〜してもいいですか？」 Posso より ていねいな言い方

□ 毛布を1枚いただけますか？

ポッソ　　　アヴェーレ ウナ　　コペルタ　　　ペル　ファヴォーレ
Posso avere una coperta, per favore?
〜してもいいですか　持つ　1枚の毛布

□ トイレはどこですか？

ドヴェー　イル バーニョ
Dov'è il bagno?
どこですか　　トイレ

もともと「バスルーム」の意味。バスルームにはトイレがあるということから「トイレ」の意味になった。

□ あとどのくらいでローマに着きますか？

フラ　クアント　　テンポ　　サレーモ　　ア　ローマ
Fra quanto tempo saremo a Roma?
あとどのくらいで　　　　　到着する　　ローマに

□ この書類の書き方を教えてください。

プオ　ディールミ　コメ　　コンピラーレ　　クエスト　　モードゥロ
Può dirmi come compilare questo modulo?
　　　教える　書き方　　　　　　　　この　　　　書類

PART 4

すぐに話せる！イタリア旅行重要フレーズ

Lezione 9 入国審査・税関

ショート対話

【入国審査】

□ A: パスポートを見せてください。

イル パッサポルト　　　ペル ファヴォーレ
Il passaporto, per favore.
パスポート　　　　　　お願いします

□ A: 滞在の目的は何ですか？

クワレー　ロ スコーポ デッラ スア ヴィズィタ
Qual è lo scopo della Sua visita?
どのような　目的　　　あなたの滞在の

□ B: 観光です。／商用です。

ペル トゥリズモ　　　ペル アッファーリ
Per turismo. / Per affari.
　　　観光　　　　　　　　商用

関連表現・事項

□ 所持金はいくらですか？

クアンティ ソルディ ア
Quanti soldi ha?

□ 手荷物引換証はこれです。

エッコ イル タッリアンド デル バガッリオ
Ecco il tagliando del bagaglio.

クーポン券、半券

すぐに使えるフレーズ

☐ A: イタリアには何日滞在しますか？

クワント　　　テンポ　　　スィ フェルマ　イン イターリア
Quanto tempo si ferma in Italia?
　どれくらい　　　　　　　　　滞在する　　　イタリアに

☐ B: 5日間です。

チンクエ　　　ジョルニ
Cinque giorni.
　5　　　　　　日

☐ A: どこに滞在しますか？

ドヴェ　　　アッロッジャ　　イン イターリア
Dove alloggia in Italia?
どこに　　滞在する　　　　　　イタリアで

☐ B: グランドホテル［友人の家］に泊まります。

アッロッジョ　　アル　グランド　オテル　　　ダ　　ウン　ミオ
Alloggio al Grand Hotel [da un mio
滞在する　　　　　　　　　　　　　　　ところへ

アミーコ　　　ダ　ウナ　　ミア　アミーカ
amico / da una mia amica].
男友だち　　　　　　　　　　女友だち

☐ A: 帰りの航空券はありますか？

ア　イル　ビッルエット　　アエーレオ　ディ リトールノ
Ha il biglietto aereo di ritorno?
　　　　　　　　　　　　　　往復の航空券

☐ B: はい，ここにあります。

スィ　エッコロ
Sì. Eccolo.

PART 4

すぐに話せる！イタリア旅行重要フレーズ

□ A: 結構です。楽しい旅行を。

ベーネ　ブオン　ヴィアッジョ
Bene. Buon viaggio.

□ B: ありがとう。

グラツィエ
Grazie.

【税関検査】

□ A: 申告するものはありますか？

ア　クワルコーザ　ダ　ディキアラーレ
Ha qualcosa da dichiarare?
ありますか　　　申告するもの

□ B: 申告するものはありません。

ノ　ニエンテ
No, niente.
いいえ　何もない

□ A: これは何ですか？

ケ　コーゼー　クエスト
Che cos'è questo?
何ですか　　　これ

「これらは何ですか？」
Che cosa sono questi?
ケ　コーザ　ソーノ　クエスティ

□ B: これは友人へのみやげです。

クエスティ　ソノ　デイ　レガーリ　ペル　イ　ミエイ　アミーチ
Questi sono dei regali per i miei amici.
　　　　　　　　　　　みやげ　　　　　　　友人

□ B: それは個人使用（私の身の回り品）です。

ソーノ　　オッジェッティ　ペルソナーリ
Sono oggetti personali.
それらは〜です　品々　　個人の

【荷物引き取り】

□ どこで荷物は受け取るのですか？

ドヴェ　　スィ リティーラノ　イ　バガッリ
Dove si ritirano i bagagli?
どこ　　　　　受け取る　　　　荷物

□ 私の荷物が見当たりません。

ノン　　トローヴォ イ ミェイ　　パガッリ
Non trovo i miei bagagli.
　　　　見つからない　　　私の

□ これが荷物預かり証です。

エッコ　　ラ　リチェヴェータ　デル　　バガッリオ
Ecco la ricevuta del bagaglio.
これが　　　　　　荷物預かり証

□ 荷物が破損しています。

イル ミオ　　パガッリオ　　　エ ロット
Il mio bagaglio è rotto.
　私の　　荷物　　　　　壊れている

□ 至急調べてください。

プオ　　コントロッラーレ　　スービト
Può controllare subito?
〜していただけますか　調べる　　急いで

■機内 / 税関・空港

●機内

飛行機	aereo (f)	アエーレオ
パイロット	pilota (m)	ピロータ
客室乗務員	assistente di volo	アシステンテ ディ ヴォーロ
乗客（男性）	passeggero	パッセッジエーロ
乗客（女性）	passeggera	パッセッジエーラ
荷物	bagaglio a mano (m)	バカーリオ ア マーノ
シートベルト	cintura di sicurezza (m)	チントゥーラ ディ スィクレッツァ
トイレ	bagno / toilette (m)	バーニョ / トワレッ
毛布	coperta (f)	コペルタ
枕	cuscino (m)	クッシーノ
空港	aeroporto (m)	アエロポルト
到着	arrivo (m)	アッリーヴォ
時差	fuso orario (f)	フーゾ オラーリオ
フライト番号	numero del volo	ヌーメロ デル ヴォーロ
カウンター	banco	バンコ
搭乗券	carta d'imbarco (f)	カルタ ディンバルコ
航空券	biglietto aereo (m)	ビリエット アエーレオ
離陸	decollo (m)	デコッロ
着陸	atterraggio (m)	アッテッラッジョ

●税関・空港

税関	**dogana** (f)	ドガーナ
パスポート	**passaporto** (m)	パッサポルト
申告	**dichiarazione** (f)	ディキアラツィオーネ
スーツ・ケース	**valigia** (m)	ヴァリージャ
バック	**borsa** (f)	ボルサ
プレゼント	**regalo**	レガーロ
旅行目的	**scopo del viaggio**	スコーポ　デル　ヴィアッジョ
観光	**turismo** (m)	トゥリズモ
留学	**studio** (m)	ストゥーディオ
仕事	**lavoro** (m)	ラヴォーロ
個人使用の	**per uso personale**	ペルーゾ　ペルソナーレ
身の回り品	**effetti personali**	エッフェティ　ペルソナーリ
手荷物引換証	**ricevuta del bagaglio** (m)	リチェヴータ　デル　バガッリィオ

10 Lezione 交通機関〈タクシー〉

ショート対話

□ A: どちらへ行かれますか？（どちらまで？）

ドヴェ　デーヴェ　アンダーレ
Dove deve andare?
どこに　～ねばならない　行く
— P.80 参照

□ B: この住所へ行ってください。（メモを見せて）

ア　クエスト　インディリッツォ　ペル　ファヴォーレ
A questo indirizzo, per favore.
～に　この　住所へ　　　　　お願いします

□ A: かしこまりました。

スービト
Subito.

関連表現・事項

□ 市内までどのくらいの時間［料金］で行けますか？

クアント　テンポ　チ　ヴォーレ　コスタ　フィーノ　アル
Quanto tempo ci vuole[costa] fino al

チェントゥロ　デッラ　チッタ
centro della città?

すぐに使えるフレーズ

☐ タクシー乗り場はどこですか？

ドヴェ　　イル　ポステッジョ　　デイ　タッスィ
Dov'è il posteggio dei tassì?
　　　　　　乗り場　　　　　　　タクシーの

☐ テルミニ駅までいくらくらいかかりますか？

クアント　　　ヴィエネ　フィーノ　アッラ　スタツィオーネ　テルミニ
Quanto viene fino alla Stazione Termini?
いくらかかりますか　　　　　　　　　　　テルミニ駅

「〜まで」（英語のuntilに相当）

☐ 時間はどのくらいかかりますか？

クアント　　　テンポ　　チ　ヴォーレ
Quanto tempo ci vuole?
どのくらいかかりますか

☐ 荷物を運ぶのを手伝ってくれますか？

プオ　　アイウタールミ　ア　ポルターレ　イ　バガッリ
Può aiutarmi a portare i bagagli?
　　　　手伝う　　　　　　運ぶ　　　荷物

☐ トランクを開けてください。

プオ　　アプリーレ　イル　ポルタバガッリ
Può aprire il portabagagli?
　　　　開ける　　　　トランク

PART 4

すぐに話せる！イタリア旅行重要フレーズ

□ 急いでいます。

オ　フレッタ
Ho fretta.

□ ここでちょっと待っていてください。

ミ　アスペッタ　　クイ　ウン　アッティモ　　ペル　　ファヴォーレ
Mi aspetta qui un attimo, per favore?
　　　待つ　　　　　　　　　　ちょっと　　　　　　　　お願いします

□ ここで停めてください。

スィ　フェルミ　クイ　　ペル　　ファヴォーレ
Si fermi qui, per favore.
　　　停める　　ここで

→ **si fermi** のもとになる動詞は **fermarsi**（停まる）。3人称単数の命令形です。

□ ここです。

エ　クィ
È qui.

□ おいくらですか？

クワント　　ヴィエネ
Quanto viene?　　または　（Quant'è？）
いくら　　　　　　　　　　　　　　クワンテ

□ ありがとう。おつりはとっておいて。

グラツィエ　　テンガ　　プーレ　イル　レースト
Grazie. Tenga pure il resto.
ありがとう　　取りなさい　どうぞ　　　おつり

- □ 料金がメーターと違います。

ラ　タリッフェア エ ディヴェルサ　ダル　タッサーメトゥロ
La tariffa è diversa dal tassametro.
　　　違う　　　　　　　料金メーター

- □ 場所が違います。

クイ　　ノネ　　イル ポスト　　ジュスト
Qui non è il posto giusto.
ここ　　　　　　　　場所

- □ 遠回りしていませんか？

ノン　　スタ　ファチェンド　　ウン　ジーロ　トロッポ　　ルンゴ
Non sta facendo un giro troppo lungo?
　　　あなたは状態である　　　　　コース　〜しすぎる　長い

または long giro

■ タクシー

タクシー運転手	**tassìsta** (m)	
	タッシスタ	
タクシー	**tassì** (m)	
	タッスィー	
タクシー乗り場	**posteggio dei tassì** (m)	
	ポステッジョ　デイ　タッスィー	
空車	**tassì libero** (m)	
	タッスィ　リーベロ	
停まる	**fermarsi**	
	フェルマルスィ	
着く	**arrivare**	
	アッリヴァーレ	

PART 4

すぐに話せる！イタリア旅行重要フレーズ

11 Lezione 交通機関〈電車・地下鉄・バス〉

ショート対話

【電車】

□ A: ヴェネツィア行きの切符を1枚ください。

ウン　ビリエット　　ペル　ヴェネーツィア　ペル　ファヴォーレ
Un biglietto per Venezia, per favore.
切符1枚　　　　ヴェネツィア行きの　　お願いします

□ A: 1等ですか，2等ですか？

プリーマ　オ　セコンダ　　クラッセ
Prima o seconda classe?
　　　　あるいは

□ A: 2等片道です。

ウン　ビッリエット　ディ セコンダ　　クラッセ　　ペル　ファヴォーレ
Un biglietto di seconda classe , per favore.
　　　片道

関連表現・事項

□ 列車に忘れ物をしました。

オ　ラッシャート　クアルコーサ　スル　トレーノ
Ho lasciato qualcosa sul treno.
　　忘れる　　　　何か

□ 乗り遅れてしまいました。

オ　ペルソ　イル　トレーノ
Ho perso il treno.

すぐに使えるフレーズ

☐ 駅はどこですか？

ドヴェ　ラ　スタツィオーネ　フェッロヴィアーリア
Dov'è la stazione ferroviaria?
　　　　　　　　場　　　　　　駅

☐ 切符売り場はどこですか？

ドヴェー　ラ　ビッリエッテリーア
Dov'è la biglietteria?
どこですか　　　切符売り場

☐ ミラノまでの2等切符を1枚ください。

ウン　ビッリエット　ディ セコンダ　　クラッセ　　ペル
Un biglietto di seconda classe per
　　切符1枚　　　　　　2等

ミラーノ　　　ペル　ファヴォーレ
Milano, per favore.

原形は partire

☐ A: 列車は何番線から出ますか？

ダ　　クアーレ　　ビナーリオ　　パルテ　　イルトレーノ
Da quale binario parte il treno?
何番線から　　　　　　　　　発車する　　列車

「到着する」は arrivare

☐ B: 5番ホームからです。

ダル　　ビナーリォ　　チンクェ
Dal binario 5.

PART 4

すぐに話せる！イタリア旅行重要フレーズ

□ この列車の席を予約したいのです。

ヴォッレイ　プレノターレ　　ウン　ポスト　　ペル　クエスト　トレーノ
Vorrei prenotare un posto per questo treno.
〜したいのですが　予約する　　　席　　　　　この　　　列車の

□ A: 片道ですか，往復ですか？

ソーラ　　アンダータ　　オ　アンダータ　エ　リトールノ
Sola andata **o** andata e ritorno?
片道　　　　　　　　または　　　　往復
└ 英語の"or"に相当

□ B: 片道です。

ウン　ビッリエット　ディ　ソーラ　アンダータ　　ペル　ファヴォーレ
Un biglietto di <u>sola andata</u>, **per favore**.
切符1枚

□ フィレンツェ行きの列車は何番線から発車しますか？

ダ　ケ　　ビナーリオ　　パルテ　イル トレーノ　ペル　フィレンツェ
Da **che** binario parte il treno per Firenze?
何番線から　　　　　　　発車する　　列車　　　　フィレンツェ行き

□ この列車はナポリに行きますか？

クエスト　　トレーノ　　ヴァ　ア　ナーポリ
Questo treno va a Napoli?
この　　　　列車　　　　行く　ナポリへ
└ 複数形は"questi"

☐ ローマへ行くのはどの列車ですか？

クワーレ　トレーノ　ヴァ　ア　ロウマ
Quale treno va a Roma?
どの　　　列車　　行く　ローマへ

☐ 列車が来るまであとどのくらいですか？

フラ　クアント　テンポ　アッリヴェラ　イル トレーノ
Fra quanto tempo arriverà il treno?
　　　　　　　　　　　　到着する　　　列車

☐ 発車時刻は何時ですか？

クワンド　　　パルテ　　クエスト　　トレーノ
Quando parte questo treno?
いつ　　　発車する　　この　　　列車
　　　　　　　　　　　　主語

☐ この席はどこですか？

ミ　サ　ディーレ　ドヴェー　クエスト　　ポスト
Mi sa dire dov'è questo posto?
私に　教える　　どこか　　この　　　　席

☐ すみません。通してください。

ペルメッソ　　　ポッソ　　パッサーレ
Permesso, posso passare?
すみません　　〜してもいいですか　通る

PART 4

すぐに話せる！イタリア旅行重要フレーズ

□ そこは私の席です。

クイ　エ イル ミオ　ポスト
Qui è il mio posto.
それは　〜です 私の　　席

□ ここに座ってもいいですか？

ポッソ　　　　セデールミ　　　　クイ
Posso sedermi qui?
〜してもいいですか　座る　　再帰動詞ですね。
（P.28で再チェックしておきましょう）

□ 列車に忘れ物をしました。

オ　　ラッシャート　　ウナ　　コーザ　　スル　トレーノ
Ho lasciato una cosa sul treno.
　　忘れる

【地下鉄】

☐ 地下鉄の路線図をください。

ウナ　　カルティーナ　デッラ　メトロポリターナ　　　　ペル　ファヴォーレ
Una cartina della metropolitana, per favore.
　　路線図　　　　　　地下鉄の　　　　　　　　お願いします

☐ 切符はどこで買えますか？

ドヴェ　　　ポッソ　　　コンプラーレ　　イル ビッリエット
Dove posso comprare il biglietto?
どこ　〜できますか　　買う　　　　　　　切符

☐ 1日パスをください。

ポッソ　　　　アヴェーレ ウン ビッリエット　　ジョルナリエーロ
Posso avere un biglietto giornaliero?
〜してもいいですか 持つ　　　　　　1日券

☐ この地下鉄はどこ行きですか？

ドヴェ　　ヴァ　クエスト　　メトロポリターナ
Dove va questa metropolitana?
どこ　　行く　この　　　地下鉄

原形は"andare"（P.27参照）

☐ この地下鉄はテルミニ駅に行きますか？

クエスタ　　　メトロポリターナ　　　　ヴァ　ア　テルミニ
Questa metropolitana va a Termini?
この　　　　地下鉄　　　　　　　　行く　　テルミニ

PART 4

すぐに話せる！イタリア旅行重要フレーズ

101

□ どこで乗り換えればよいのですか？

ドヴェ　デーヴォ　カンビアーレ
Dove devo cambiare?
どこ　〜ねばならない　乗り換える

→ **devo** は **dovere**（〜しなければならない）の **io**（私）の活用形。

□ この地下鉄はテルミニに停まりますか？

クエスト　　メトロポリターナ　　フェルマー　ア　テルミニ
Questa metropolitana ferma a Termini?
　この　　　地下鉄　　　　　　停まる　　テルミニ

□ いちばん近い地下鉄の駅はどこですか？

ドヴェ　ラ　スタッツィオーネ　デッラ　メトロポリターナ
Dov'è la stazione della metropolitana
どこですか　　駅　　　　　　　　地下鉄の

ピュ　ヴィチーナ
più vicina?
いちばん近い

→ **stazione** は鉄道の発着駅。

□ ここは何という駅ですか？

コメ　　シィ キアーマ　　クエスト　　スタツィオーネ
Come si chiama questa stazione?
　　　　　　　　　　この　　駅

□ 次の駅はどこですか？

クアレー　エ　ラ　プロッスィマ　　スタツィオーネ
Qual è la prossima stazione?
どこですか　　次の

□ 列車を間違えて乗りました。

オ　　ズバッリアート　　トレーノ
Ho sbagliato treno.
　～した

□ 乗り越してしまいました。

オ　　パッサート　　ラ　ミア　　スタツィオーネ
Ho passato la mia stazione.
　　　通り越す　　　　　　　駅

【バス】

□ バス乗り場はどこですか？

ドヴェ　ラ　フェルマータ　デッリ　アウトブス
Dov'è la fermata degli autobus?
　　　　　　　　　　　　停留所

□ 切符はどこで買うのですか？

ドヴェ　ポッソ　コンプラーレ　イル　ビッリエット
Dove posso comprare il biglietto?

□ バスの路線図をください。

ヴォッレイ　ウナ　カルティーナ　デッレ　リーネエ　デッリ　アウトブス
Vorrei una cartina delle linee degli autobus.
～がほしいのですが　　　　　　　路線図　　　　　　　　　　　バスの

（手書き注：delle = di + le の結合、degli = di + gli の結合、linee は linea の複数形）

→ **autobus** は母音ではじまる男性・複数名詞ですから，冠詞は **gli** となります。

□ 時刻表を見せてもらえますか？

ミ　ファ　ヴェデーレ　ロラーリオ
Mi fa vedere l'orario?
　　　　　　　　　　時刻表

□ １日券をください。

ウン　ビリエット　　ジョルナリエーロ　　ペル　ファヴォーレ
Un biglietto giornaliero, per favore.
　　　１日券

□ このバスは駅に行きますか？

クエスト　　アウトブス　ヴァ　アッラ　スタツィオーネ
Questo autobus va alla stazione?
このーー　　バス　　　行く　　　駅

□ このバスはスペイン広場に行きますか？

クエスト　　アウトブス　ヴァ　ア　ピアッツァ　ディ　スパーニャ
Questo autobus va a Piazza di Spagna?
　　　　　　バス　　　行く　　スペイン広場へ

□ 何時に出発しますか？

ア　ケ　オーラ　パルテ　　クエスト　　プルマン
A che ora parte questo pullman?
　　　　　　　　出発する

☐ 何分おきにありますか？

オンニ　クワント　パッサ
Ogni quanto passa?
〜ごとに　どれくらいの時間　運行する

☐ 次の空港行きは何時ですか？

ア　ケ　オーラ　パルテ　イル　プロッスィモ　アウトブス　ペル
A che ora parte il prossimo autobus per
　　　　　　　発車する　　　　次の　　　　　　バス

（passaでもOK）

ラエロポルト
l'aeroporto?
空港行き

☐ 美術館に行きたいのですが。

ヴォッレイ　アンダーレ　アル　ムゼーオ
Vorrei andare al museo.
　　　　　　行く　　　　　美術館

☐ どのバスに乗ったらいいですか？

クワーレ　アウトブス　デーヴォ　プレンデレ
Quale autobus devo prendere?
どの　　　　　　　　〜ねばならない　乗る

☐ 乗り換える必要がありますか？

デーヴォ　カンビアーレ
Devo cambiare?
　　　　　乗り換える

PART 4

すぐに話せる！イタリア旅行重要フレーズ

105

□ すみません，通してください。

ペルメッソ　　　　ポッソ　　　　パッサーレ
Permesso, posso passare?
すみません　〜してもいいですか　通る

□ 窓を開けてもいいですか？

ポッソ　　　　アプリーレ　ラ　フィネーストゥラ
Posso aprire la finestra?
〜してもいいですか　開ける　窓

「閉める」は cihiudere
キウーデレ

□ ここに座ってもいいですか？

ポッソ　　　　セデルミ　　　クイ
Posso sedermi qui?
〜してもいいですか　座る　　ここに

もとの動詞は sedersi
セデールスィ

□ 切符をなくしてしまいました。どうすればよいでしょうか？

オ　　ペルソ　　イル　ビリエット　　　　　　コメ　　　ファッチョ
Ho perso il biglietto. Come faccio?
失った　　　　　切符　　　　　　どのように　する

□ そこに着いたら教えていただけますか？

プオ　　ディルミ　　ドーヴェ　　デーヴォ　　シェンデレ
Può dirmi dove devo scendere?
〜してもらえます　私に教える　場所　〜すべき　降りる

□ 次の停留所で降ります。

シェンド　　　アッラ　プロッスィマ　　フェルマータ
Scendo alla prossima fermata.
　　　　　　　　　　　　　　　　　停留所

□ ここで降ろしてください。

ヴォッレイ　シェンデレ　　クイ
Vorrei scendere qui.
〜したいのですが　降りる　　　ここで

□ 降ります。

シェンド
Scendo!
降りる

PART 4

すぐに話せる！イタリア旅行重要フレーズ

■交通機関

●駅

交通機関	**mezzo trasporto** (m) メッゾ　トラスポルト
窓口	**sportello** (m) スポルテッロ
切符売り場	**biglietteria** (f) ビッリィエッテリア
プラットホーム	**binario** (m) ビナーリオ
運賃	**tariffa** (f) タリッファ
改札口	**controllo biglietti** (m) コントロッロ　ビッリエッティ
駅員	**ferroviere**（a） フェッロヴィエーレ（ラ）
車掌	**conduttore** (m) コンドゥットーレ
手荷物預り所	**deposito bagagli** デポーズィット　バガッリィ
出発	**partenza** (f) パルテンツァ
到着	**arrivo** (f) アッリーヴォ
階段	**scala** (f) スカーラ

●列車・鉄道

各駅列車	**treno locale** (m) トレーノ　ロカーレ
急行列車	**espresso** (f) エスプレッソ
特急列車	**treno rapido** (m) トレーノ　ラーピド
片道	**sola andata** (f) ソーラ　アンダータ
往復	**andata e ritorno** (m) アンダータ　エリートルノ
禁煙	**non fumatori** (m, pl) ノン　フマトーリ
１等車	**prima classe** (f) プリマ　クラッセ
２等車	**seconda classe** (f) セコンダ　クラッセ
乗り換え	**cambio** (m) カンビオ
〜で乗り換える	**cambiare a** カンビアーレ　ア

●地下鉄

地下鉄	**metropolitana**
	メトロポリターナ

地下鉄で	**in metropolitana**
	イン メトロポリターナ

地下鉄の駅
stazione della metropolitana
スタツィオーネ デッラ メトロポリターナ

地下鉄路線図
cartina della metropolitana
カルティーナ デッラ メトロポリターナ

回数券	**blocchetto di biglietti** *(m)*
	ブロッケット ディ ビッリエッティ

1日券	**biglietto giornaliero** *(m)*
	ビッリエット ジョルナリエーロ

●バス

運転手	**autista** *(m, f)*
	アウティスタ

バス	**autobus** *(f)*
	アウトブス

バス停	**fermata dell'autobus** *(f)*
	フェルマータ デッラウトブス

時刻表	**orario**
	オラーリオ

切符	**biglietto** *(m)*
	ビッリィエット

直行, 直通	**diretto** *(m)*
	ディレット

発車する	**partire**
	パルティーレ

乗る	**prendere**
	プレンデレ

降りる	**scendere**
	シェンデレ

PART 4 すぐに話せる！イタリア旅行重要フレーズ

Lezione 12 ホテルで〈チェックイン〉

ショート対話

□ A:（確認証を見せながら）こんにちは，予約してあるのですが。

ブオンジョルノ　　オ　ウナ　プレノタツィオーネ
Buongiorno, ho una prenotazione.
　　　　　　　　　　　　　予約

□ B: はい，予約を承っております。

シー　ラ　スア　　プレノタツィオーネ　　チェ
Sì, la Sua prenotazione c'è.

（手書き注: ci + essere の3人称単数形の結合。）

□ 私の名前はイシハラ リョウです。

ミ　　キアーモ　　リョウ　イシハラ
Mi chiamo Ryo Ishihara.
私の名前は〜です

□ 日本で予約しました。

オ　プレノタート　　イン ジャッポーネ
Ho prenotato in Giappone.
　　予約する　　　　　　　日本

関連表現・事項

□ 宿泊カードを記入してください。

プオ　コンピラーレ　クエスト　モードゥロ　ペル　ファヴォーレ
Può compilare questo modulo, per favore?
　　　　記入する　　　この　　カード

（手書き注: 書式，(所定の)用紙　英語の "form" に相当。）

すぐに使えるフレーズ

☐ 空き部屋はありますか？

アヴェーテ ウナ カーメラ リーベラ ペル スタセーラ
Avete una camera libera per stasera?
　　　　　　　　　空き部屋

☐ チェックインをお願いします。

ヴォッレイ ファーレ イル チェッキン ペル ファヴォーレ
Vorrei fare il check-in, per favore.
〜したいのですが　　　チェックインする

☐ 貴重品を預かっていただけますか？

ポトレッベ テネーレ イ ミエーイ オッジェッティ ディ ヴァローレ
Potrebbe tenere i miei oggetti di valore?
〜してもらえますか　保管する　私の　　品々　　　貴重な
ていねいな表現

☐ 海側の部屋をお願いします。

ヴォッレイ ウナ カーメラ コン ヴィスタ スル マーレ
Vorrei una camera con vista sul mare.
〜がほしいのですが　部屋　　　　　　　海側の

☐ ながめのいい部屋をお願いします。

ヴォッレイ ウナ カーメラ コン ウナ ベッラ ヴィスタ
Vorrei una camera con una bella vista.
　　　　　　　　部屋　　　　　　　ながめのいい

☐ 日本語を話せる人はいますか？

チェ クワルクーノ ケ パルラ ジャッポネーゼ
C'è qualcuno che parla giapponese?
いますか　だれか　　　話す　日本語

□ チェックアウトは何時ですか？

ア ケ　オーラ デーヴォ ラッシャーレ　ラ　カーメラ
A che ora devo lasciare la camera?
　何時に　　〜ねばならない　去る　　　　部屋

a che ora のときは、いつも単数のora を用います。

□ 朝食は何時からですか？

ア ケ　　オーラ エ　コラッツィオーネ
A che ora è la colazione?
　　　　　　　ですか　朝食

□ A: 何階ですか？

ア ケ　　ピアーノ　エ
A che piano è?
　何階　　「〜に」

□ B: 2階です。

アル セコンド　　ピアーノ
Al secondo piano.
　　2階に

□ ルームサービスはありますか？

チェ イル セルヴィーツィオ イン カーメラ
C'è il servizio in camera?
ありますか　サービス　　　　部屋の

□ 服をクリーニングに出したいのですが。

ヴォッレイ　マンダーレ　ウン　ヴェステイート　イン　ランヴァンデリーア
Vorrei mandare un vestito in lavanderia.
〜したいのですが　出す　　　　服　　　　クリーニングに

□ 何か伝言が私にありますか？

チェ　クワルケ　　　メッサッジョ　　　ペル　メ
C'è qualche messaggio per me?
　　　何か　　　　伝言　　　　　　私に

□ １日早く発ちたいのですが。

ヴォッレイ　パルティーレ　ウン　ジョルノ　プリーマ
Vorrei partire un giorno prima.
　　　　　出発する　　　　　１日早く

□ もう１泊したいのですが。

ヴォッレイ　レスターレ　ウナ　ノッテ　イン　ピュ
Vorrei restare una notte in più.
〜したいのですが　　　　もう一泊　　　「それ以上に」

→ **restare** は「とどまる」。**notte** は女性名詞。」。

□ 明日６時に出発します。

パルト　アッレ　セイ　ドマーニ　　マッティーナ
Parto alle sei domani mattina.
出発する　６時に　　明日の　　　朝

PART 4

すぐに話せる！イタリア旅行重要フレーズ

113

13 Lezione ホテルで〈ルームサービス〉

ショート対話

□ A: ルームサービスをお願いします。

イル セルヴィーツィオ イン カーメラ　ペル　ファヴォーレ
Il servizio in camera, per favore.
　　ルームサービス　　　　　　　お願いします

□ B: お部屋番号は何番ですか？

チェルト　プオ　ディルミ　イル ヌーメロ　デッラ　スア　カーメラ
Certo. Può dirmi il numero della Sua camera?
　　　　　　教える　　　　　　　　　　　　　　部屋

□ A: こちらは105号室です。サンドイッチをお願いします。

エラ　カメーラ　チェントチンクエ
È la camera centocinque.
　　部屋　　　　105

ミ　ポールティ　ウン　トゥラメッツィーノ　ペル　ファヴォーレ
Mi porti un tramezzino, per favore.

関連表現・事項

□ いつ仕上がりますか？

クワンド　サラー　プロント
Quando sarà pronto?
いつ　　〜だろう　準備ができた

→ sarà は動詞 essere の3人称単数の未来形。essere pronto で「準備ができている」という意味。

すぐに使えるフレーズ

☐ カプチーノを部屋まで持ってきてもらえますか？

ポッソ　　アヴェーレ　ウン　カップッチーノ　　　イン　カーメラ
Posso avere un cappuccino in camera?
〜してもいいですか　持つ　　　カプチーノ　　　　　　部屋まで

— 男性名詞

☐ 明日の6時にモーニングコールをお願いします。

ヴォッレイ　ラ　ズヴェーリア　アッレ　セーイ　ペル　ファヴォーレ
Vorrei la sveglia alle sei, per favore.
　　　　　　モーニングコール　　6時に

☐ どなたですか？

キ　エ
Chi è?
だれですか

eは動詞essereの3人称単数形ですが、ここではLei(あなた)という敬称の2人称の意味で使われています。

☐ ちょっと待ってください。

ウン　モメント　　　　ペル　ファヴォーレ
Un momento, per favore.
　　　ちょっと

☐ お入りください。

アヴァンテイ
Avanti.

☐ これはチップです。

クエスト　　エ　ペル　レイ
Questo è per Lei.
これは　　〜です　あなたに

PART 4

すぐに話せる！イタリア旅行重要フレーズ

115

14 Lezione ホテルで 〈苦情・お礼など〉

よく使う表現

□ エアコンがこわれています。

イル　コンディツィオナトーレ　　ダーリア　ノン　フンツィオーナ
Il condizionatore d'aria non funziona.
　エアコン　　　　　　　　　　　　　　　　　　　正常に動く

□ トイレが流れません。

ネル　バーニョ　チェ　ロ　スカリコ　　ケ　　ノン　フンツィオーナ
Nel bagno c'è lo scarico che non funziona.
　　トイレ　　　　　　　　排出　　　　　　　　　機能する

□ お湯が出ません。

ノン　チェ　ラクア　　カルダ
Non c'è l'acqua calda.
〜ない　ある　水　　　熱い

関連表現・事項

□ このホテルはよかったですよ。

スィ スタ モールト　ベーネ　イン クエスト　アルベルゴ
Si sta molto bene in questo albergo.
あなたは状態である　よい　　　この　　　ホテル

この表現も覚えておきましょう。
苦情だけではなくお礼も大切ですね。

すぐに使えるフレーズ

☐ 部屋の明かりがつきません。

ラ　ルーチェ　デッラ　カーメラ　ノン　スィ アッチェンデ
La luce della camera non si accende.
　　明かり　　部屋の　　　　つかない

☐ ドアがよく閉まりません。

ラ　ポルタ　ノン　スィ キウーデ
La porta non si chiude.
　ドア　　〜ない　閉まる

☐ 部屋の中にカギを忘れました。

オ　ディメンティカート　ラ キアーヴェ　イン カーメラ
Ho dimenticato la chiave in camera.
〜した　忘れる　　　　　カギ　　　部屋の中に

☐ 部屋を変えられますか？

ポッソ　カンビアーレ　ラ ミア　カーメラ
Posso cambiare la mia camera?
〜してもいいですか　替える　　私の

☐ 静かな部屋をお願いします。

ヴォッレイ　ウナ　カーメラ　トランクイッラ
Vorrei una camera tranquilla.
〜がほしいのですが　　　　　静かな

PART 4

すぐに話せる！イタリア旅行重要フレーズ

15 Lezione ホテルで〈チェックアウト〉

ショート対話

□ A: この荷物を4時まで預かってもらえますか？

Posso lasciare qui questa valigia fino alle quattro?

ポッソ ラッシャーレ クイ クエスタ ヴァリージャ フィーノ アッレ クアットロ
　　　 預ける　　　 この　 荷物　　　 まで　 〜に　4時

□ B: ええ，もちろんです。

Sì, certo.

スィ チェルト

□ B: いいえ，あいにくですが。

No, mi dispiace.

ノ ミ ディスピアーチェ

関連表現・事項

□ ミニバー［ルームサービス］は利用してません。

Non ho preso niente dal minibar[servizio in camera].

ノ ノ プレーゾ ニエンテ ダル ミニバール セルヴィーツィオ イン カーメラ
　　　 取る　 何もない　　 ミニバー　 ルームサービス

すぐに使えるフレーズ

☐ チェックアウトお願いします。

チェック　　アウト　　ペル　ファヴォーレ
Check out, per favore.
　　　　　　　　　　　お願いします

☐ カードで払いたいのですが。

ヴォッレイ　　パガーレ　　コン　ラ　　カルタ　　ディ クレーディト
Vorrei pagare con la carta di credito.
〜したいのですが　支払う　〜で　　　　クレジットカード
　　　　　　　　　　　　└─ 英語の"with"に相当

☐ トラベラーズチェックは使えますか？

アッチェッターテ　トゥラヴェラーズ　　チェック
Accettate traveller's check?
受け入れる　　　　トラベラーズチェック

☐ 領収書をください。

ミ　ダ　ラ　リチェヴータ　　　ペル　ファヴォーレ
Mi dà la ricevuta, per favore?
私に　与える　レシート

☐ 部屋に忘れ物をしました。

オ　　ディメンディカート　　ウナ　　コーサ　　イン　カーメラ
Ho dimenticato una cosa in camera.
〜した　忘れる　　　　　　　　あるもの　　部屋に

☐ タクシーを呼んでもらえますか？

ミ　プオ　　キアマーレ　　ウン　タッスィ　　ペル　ファヴォーレ
Mi può chiamare un tassì, per favore?
〜していただけますか　呼ぶ　　　タクシー

PART 4

すぐに話せる！イタリア旅行重要フレーズ

■ホテル

宿泊	**alloggio** (m) アッロッジョ	クローク	**guardaroba** (f) グアルダローバ
予約	**prenotazione** (f) プレノタツィオーネ	鍵	**chiave** (f) キアーヴュ
到着	**arrivo** (f) アリーヴォ	部屋番号	**numero della camera** (m) ヌーメロ　デッカ　カーメラ
出発	**partenza** (f) パルテンツァ	トイレ	**bagno** (m) バーニョ
予約確認	**conferma** (m) コンフェルマ	朝食	**prima colazione** (f) プリーマ　コラツィオーネ
署名する	**firmare** フィルマーレ	昼食	**pranzo** (m) プランゾ
署名	**firma** (f) フィルマ	夕食	**cena** (f) チェーナ
シングルルーム	**camera singola** (f) カーメラ　スィンゴラ	エレベーター	**ascensore** (f) アッシェンソーレ
ツインルーム	**camera doppia** (f) カーメラ　ドッピア	チップ	**mancia** (f) マンチャ
ダブルルーム	**camera matrimoniale** (f) カーメラ　マトリモニアーレ	階段	**scala** (f) スカーラ
フロント	**reception** (f) レセプション	入口	**entrata** (f) エントゥラータ

ドア	**porta** (f) ポルタ	
廊下	**corridoio** (m) コッリドーイオ	
非常口	**uscita di emergenza** (f) ウシータ ディ エレルジェンツァ	
1階	**piano terra** (m) ピアノ テッラ	
2階	**primo piano** (m) ピリーモ ピアーノ	
室料	**prezzo della camera** (m) プレッツォ デッラ カーメラ	
タオル	**asciugamano** (m) アシュガマーノ	
ドライヤー	**asciugacapelli** (m) アシュガッカペッリ	
ルームサービス	**servizio in camera** (m) セルヴィーツィオ イン カーメラ	
モーニングコール	**sveglia** (f) ズヴェッリア	
会計	**cassa** (f) カッサ	
領収書	**ricevuta** (f) リチェヴータ	

PART 4 すぐに話せる！イタリア旅行重要フレーズ

16 Lezione レストランで

ショート対話

□ A: あいにく本日はたいへん込んでおります。

ミ　ディスピアーチェ　スタセーラ　　　シアーモ　　クアジ　　アル
Mi dispiace. Stasera siamo quasi al

コンプレート
completo.

□ B: どのくらい待ちますか？

クワント　　　　テンポ　　　デーヴォ　アスペッターレ
Quanto tempo devo aspettare?
どれくらい　　時間　　　私は〜しなければ　待つ

□ A: およそ20分です。

チルカ　　　ヴェンティ　ミヌーティ
Circa venti minuti.
およそ　　　20　　　　分

関連表現・事項

□ A: 何時なら席を取れますか？

ア　ケ　　オーラ　ボッスィアーモ　プレノターレ　　ウン　ターヴォロ
A che ora possiamo prenotare un tavolo?

□ B: 9時なら取れますが。

ポトゥレッペ　　プレノターレ　　アッレ　ノーヴェ
Potrebbe prenotare alle nove.

すぐに使えるフレーズ

【店を探す】

□ お腹がすいています。

オ　ファーメ
Ho fame.

□ のどがかわきました。

オ　セーテ
Ho sete.

□ あまり高くないレストランがいいです。

プレフェリスコ　　　ウン　リストランテ　　　　ノン　　　モルト　　　カーロ
Preferisco un ristorante non molto caro.
　　　　　　　　　　　　　　レストラン

□ この土地の名物料理が食べたいのですが。

ヴォッレイ　クアルケ　　　スペチャリタ　　　ロカーレ
Vorrei qualche specialità locale.
　　　　　　何か　　　　　　　　　　英語の"good"にあたる言葉

□ この近くにおいしいレストランはありますか？

チェ　ウン　ブオン　　　リストランテ　　　クィ　　ヴィチーノ
C'è un buon ristorante qui vicino?
ありますか　おいしい　レストラン　　　この　　近くに

→ **buon** の元の形は **buono**。男性単数の名詞を形容する時は **buon** となり, 形容する名詞の語頭が s ＋子音、z/ps/yo などの時は **buono** になります。**un buono studente.**（よい生徒）

□ この近くにおいしいピッツァの店はありますか？

チェ　　ウナ　　　ブオーナ　　ピッツェリーア　クイ　　ヴィチーノ
C'è una buona pizzeria qui vicino?
ありますか

【予約するとき】

☐ A: ドレスコードはありますか？

アヴェーテ　クアルケ　　　レーゴラ　　リグアールド
Avete qualche regola riguardo
〜はありますか　何か

ラッビッリアメント
all'abbigliamento?

☐ B: ジーンズはご遠慮ください。

ノン　　ファッチャーモ　　エントゥラーレ　イン　ジーンズ
Non facciamo entrare in jeans.
〜しない　　　　　　　　　入る　　　　　　ジーンズ

【予約したとき】

☐ こんばんは。予約してある鈴木です。

ブオナセーラ　　　オ　　ウナ　　　プレノタツィオーネ
Buonasera. Ho una prenotazione.
　　　　　　　　　　　　　　　　　予約

ミ　　キアーモ　　スズキ
Mi chiamo Suzuki.

avere（持つ）の活用形
io ho〜.
（私は〜を持つ）

☐ 8時に予約してあります。

オ　　プレノタート　　　　ウン　ターヴォロ　ペル　レ　オット
Ho prenotato un tavolo per le otto.
〜した　　予約する　　　　　　テーブル　　　を予定して　8時

□ 田中です。

ソーノ　タナカ
Sono Tanaka.
私は〜です　田中

【予約しないとき】

□ A: いらっしゃいませ。何名様ですか？

ブオナセーラ　　　イン　クワンティ　スィエーテ
Buonasera, in quanti siete?
いらっしゃいませ　どれだけの人　あなた方は〜である

□ B: 3人です。

トレ　　ペルソーネ
Tre persone.
3　　人

□ 3人のテーブルはありますか？

チェ　　ウン　ターヴォロ　　ペル　　トレ　　ペルソーネ
C'è un tavolo per tre persone?
ありますか　テーブル　ための　3人の

□ 窓側の席はありますか？

チェ　　ウン　ポスト　　ヴィチーノ　アッラ　フィネーストラ
C'è un posto vicino alla finestra?
ありますか　席　〜近くに　　　　窓

a + la の結合形

PART 4

すぐに話せる！イタリア旅行重要フレーズ

【飲み物】

□ 食前酒は何がありますか？

ケ　　コーザ　　アヴェーテ　ペル　　アペリティーヴォ
Che cosa avete per aperitivo?
何ですか　　　　　ある　　　　　食前酒

□ ワインリストを見せてください。

ミ　ファ　ヴェデーレ　　ラ　リスタ　　デイ　ヴィーニ
Mi fa vedere la lista dei vini?
　　　　　見る　　　　　　リスト　　ワインの

□ グラスワインの赤［白］をください。

ヴォッレイ　ウン　ビッキエーレ　　ディ　ヴィーノ　ロッソ　　ビアンコ
Vorrei un bicchiere di vino rosso[bianco].
〜したいのですが　グラス　　　　　　ワイン　　赤の　　　白の

「ボトル」なら
una bottiglia

→ **un bicchiere** はコップ，グラス。

□ A: 飲み物は何になさいますか？

コーザ　　　プレンデーテ　　　ダ　　　ベーレ
Cosa prendete da bere?
何　　　　　飲む　　　　　　　飲み物

□ B: ビールを1杯ください。

ウナ　　ビッラ　　　ペル　　ファヴォーレ
Una birra, per favore.
　　　　ビール　　　　　お願いします

→ **una** は「1つの」という意味の女性名詞に付く不定冠詞。

□ A: ミネラルウォーターをください。

ウナ　ボッティリア　ディ　アックア　ミネラーレ　ペル　ファヴォーレ
Una bottiglia di acqua minerale, per favore.
　　　ボトル

□ B: 炭酸入ですか，炭酸なしですか？

ガッサータ　　オ　ナトゥラーレ
Gassata o naturale?
　　　　　　　または

□ A: 炭酸なしのものをお願いします。

ナトゥラーレ　　ペル　ファヴォーレ
Naturale, per favore.

□ カンパリをください。

ヴォッレイ　ウン　カンパーリ
Vorrei un Campari.

□ 乾杯。

サルーテ　　　　チン　チン
Salute. / Cin Cin.

□ もう1杯ください。

ウナルトロ　　ペル　ファヴォーレ
Un altro, per favore.
　　もう1杯

「カプチーノ2杯」なら
due cappuccini

PART 4

すぐに話せる！イタリア旅行重要フレーズ

127

【オーダーするとき】

□ メニューを持ってきていただけますか？

ミ　プオ　　ポルターレ　　イル　メヌー
Mi può portare il menù?
私に〜してもらえますか　運ぶ　メニュー

→ **portare** は「持ってくる」。

□ メニューを見せていただけますか？

ポッソ　　　ヴェデーレ　　イル　メヌー
Posso vedere il menù?
〜してもいいですか　見る　メニュー

□ おすすめ料理は何ですか？

ケ　　　コーザ　　ミ　　チ　　　コンシッリア
Che cosa mi[ci] consiglia?
何　　　　　　私に［私たちに］　勧める

□ これをください。（メニューを指して）

ヴォッレイ　　クエスト
Vorrei questo.
〜がほしいのですが　これを

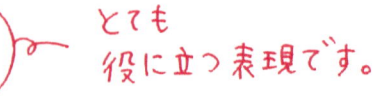

とても役に立つ表現です。

→ **questo** は目の前のものや，話題になっていることをさして「これ」。
　複数のときは **questi**「これら」。
　quello「あれ」の複数は **quelli**「あれら」。

□ ちょっと待ってください。

ウン　モメント　　　　ペル　ファヴォーレ
Un momento, per favore.
　　ちょっと　　　　　　　お願いします

□ セットメニューはありますか？

アヴェーテ　ウン　メヌー　　ア　プレッツォ　　フィッソ
Avete un menù a prezzo fisso?
ありますか　　　　　　　セットメニュー

□ 何か早くできる物はありますか？

チェ　ウン　ピアット　　ケ　エ　プロント　　スービト
C'è un piatto che è pronto subito?
　　　　　料理　　　　　　　　早くできる

□ この地方の名物料理は何ですか？

クァレー　ラ　スペチャリター　　デッラ　　ゾーナ
Qual è la specialità della zona?
何ですか　　　名物　　　　　　この　　地方の

□ これは何ですか？

ケ　　　コゼー　　クエスト
Che cos'è questo?
　何　　　　　　これは

□ あれと同じものをください。

ポッソ　　　アヴェーレ　ウン　ピアット　　ウグアーレ　ア　クエッロ
Posso avere un piatto uguale a quello?
〜してもいいですか　持つ　　　料理　　　　同じ　　　　　あれと

□ A: ステーキの焼き加減はどのようにしますか？

コメ　　ラ　プレフェリーシェ　　ラ　ビステッカ
Come la preferisce la bistecca?
どのように　　　　　　　　　　　　　ステーキ

□ B: ミディアムでお願いします。

コッタ　　メディア　　　ペル　ファヴォーレ
Cotta media, per favore.
焼かれた　ミディアム　　お願いします

□ ウェルダンでお願いします。

ベン　　コッタ　　ペル　ファヴォーレ
Ben cotta, per favore.
ウェルダン

□ レアでお願いします。

コッタ　アル　サングェ　　　ペル　ファヴォーレ
Cotta al sangue , per favore.
レア

【店員さんとの会話】

□ すみません。（呼びかけ）

センタ　　スクーズィ
Senta, scusi!
聞いてください

→ senta は sentire（聞く）の3人称単数の命令形。

☐ すみません，あの料理は何ですか？

ミ　スクーズィ　ケ　コゼー　クエッロ
Mi scusi, che cos'è quello?
すみません　　　　何　ですか　あれ

☐ これの食べ方を教えてください。

プオ　ディルミ　コメ　スィ　マンジャ　クエスト
Può dirmi come si mangia questo?
　　　教える　食べ方　　　　　　　　これの

☐ 塩をいただけますか？

ポトレッベ　ポルタルミ　イル　サーレ
Potrebbe portarmi il sale?
〜してもらえますか　私に運ぶ　　　塩
　　　　　　　ていねいな表現

☐ 頼んだものがまだ来ないのですが。

スト　アンコーラ　アスペッタンド　クエッロ　ケ　オ
Sto ancora aspettando quello che ho
〜している　まだ　　待つ　　　　　　それ

オルディナート
ordinato.
注文した

☐ これは頼んでいません。

ノ　ノ　オルディナート　クエスト
Non ho ordinato questo.
　　注文していない　　　　これ

□ デザートには何がありますか？

ケ　　コーザ　　アヴェーテ　コメ　　ドルチェ
Che cosa avete come dolce?
　　何ですか　　ある　　　　　　　デザート

□ もうけっこうです。

バスタ　　コズィー　　グラーツィエ
Basta così, grazie.
十分　　　このように　ありがとう

□ とてもおいしいです。

エ　モルト　　ブオーノ
È molto buono.
〜です　とても　おいしい

□ ごちそうさま。

エーラ　トゥット　モルト　　ブオーノ
Era tutto molto buono.
〜であった　すべて

□ とてもおいしかったです。ありがとう。

エラ　　モルト　　　ブォノ　　　　グラッィエ
Era molto buono, grazie.

□ とてもたのしい食事ができました。

エ　スタート　ウン　パスト　　モルト　　ピアチェーヴォレ
È stato un pasto molto piacevole.
　〜でした　　　　食事　　　　　　　　楽しい

132

【勘定する】

□ お勘定をお願いします。

イル コント ペル ファヴォーレ
Il conto, per favore.
勘定（書）　お願いします

□ カードで支払えますか？

ポッソ　　　パガーレ　　コン　ラ　カルタ　ディ クレーディト
Posso pagare con la carta di credito?
〜してもいいですか　支払う　　　　　　クレジットカードで

□ 領収書をください。

ミ　ダ　ラ リチェヴータ　　ペル　ファヴォーレ
Mi dà la ricevuta, per favore?
　　　　　　レシート

□ この料理は食べていません。

ノ　　ノ　　マンジャート　　クエスト
Non ho mangiato questo.
〜しない　　　食べる

P.29 否定文の作り方を参照。

□ おつりを間違えていますよ。

ア　　スバリアート　　イル　レスト
Ha sbagliato il resto.
　　間違った　　　　　　おつり

■レストラン

●レストラン

営業時間	**orario d'apertura** (m)	オラーリオ ダペルトゥーラ
シェフ	**cuoco / chef** (m)	クオーコ / シェフ
ボーイウェーター	**cameriere** (m)	カメリエーレ
ウエートレス	**cameriera** (f)	カメリエーラ
レストラン	**ristorante** (m)	リストランテ
食堂	**trattoria** (f)	トラットリーア
郷土料理	**cucina locale** (f)	クチーナ ロカーレ
名物料理	**specialità** (f)	スペチャリター
食事	**pasto** (m)	パスト
朝食	**prima colazione** (f)	プリーマ コラツィオーネ
昼食	**pranzo** (m)	プランゾ
夕食	**cena** (f)	チェーナ
予約	**prenotazione** (f)	プレノタツィオーネ
メニュー	**menù** (m)	メヌー
ワインリスト	**carta dei vini** (f)	カルタ デイ ヴィーニ
定食	**menu a prezzo fisso** (m)	メヌー ア プレッツォ フィッソ
日替わり料理	**piatto del giorno** (m)	ピアット デル ジョールノ
味	**sapore** (m) / **gusto** (m)	サポーレ グスト

日本語	イタリア語	日本語	イタリア語
食前酒	**aperitivo** *(m)* アペリティーヴォ	ワイン	**vino** *(m)* ヴィーノ
食後酒	**digestivo** *(m)* ディジェスティーヴォ	甘口の	**dolce** ドルチェ
塩	**sale** *(m)* サーレ	辛口の	**secco** セッコ
コショウ	**pepe** *(m)* ペペ	生ビール	**birra alla spina** ビッラアッラ スピーナ
酢	**aceto** *(m)* アチェート	デザート	**dolce** *(f)* ドルチェ
フォーク	**forchetta** *(f)* フォルケッタ	チップ	**mancia** *(f)* マンチャ
ナイフ	**coltello** *(m)* コルテッロ	食事代	**prezzo** *(m)* プレッツォ
スプーン	**cucchiaio** *(m)* クッキアーイオ		

Lezione 17 ピッツェリア / バールで

ショート対話

□ A: ご注文は？

コーザ　プレンデーテ
Cosa prendete?
何を　　　食べる

□ B: このピザをください。

クエスタ　　ピッツァ　　ペル　ファヴォーレ
Questa pizza, per favore.

□ A: どのくらいの大きさにしますか？

クアンタ　　ネ　ヴォーレ
Quanta ne vuole? — 通常は丸いまま1枚で出されます。

□ B: 1人分カットしてください。

ペル　ウナ　ペルソナ　　ペル　ファヴォーレ
Per una persona, per favore.

"Pizza al taglio" と呼ばれる「切り売りピッツァ」の場合、この聞き方をします。

関連表現・事項

□ A: カプチーノをください。

ウン　カップッチーノ　　ペル　ファヴォーレ
Un cappuccino, per favore.

□ B: ただいま。

スビット
Subito!

すぐに使えるフレーズ

☐ どこで注文するのですか？

ドヴェ　　ポッソ　　　オルディナーレ
Dove posso ordinare?
どこで　私は〜できる　注文する

☐ （指差して）これをください。

ヴォッレイ　ウン　ポ　ディ クエスト
Vorrei un po' di questo.
〜がほしいのですが　ちょっと　　これ

☐ 店内で食べますか？

ヴォレ　　　マンジャーレ　　デントゥロ
Vuole mangiare dentro?
あなたは〜したい　　食べる

☐ ここで食べたいのですが。

ヴォッレイ　マンジャーレ　　クイ
Vorrei mangiare qui.
〜したいのですが　食べる　　ここ

└ 動詞の原形ですね。

☐ 持ち帰りたいのですが。

ヴォッレイ　ポルタールラ　ヴィア
Vorrei portarla via.
　　　　　　持ち帰る

何を持ち帰るかによって変化します。
＜la, lo, le, li＞

☐ ここに座ってもいいですか？

ポッソ　　セデルミ　　クイ
Posso sedermi qui?
〜してもいいですか　座る　　ここ

PART 4

すぐに話せる！イタリア旅行重要フレーズ

137

18 Lezione ショッピング 〈品物を探す〉

ショート対話

□ A: いらっしゃいませ，何かお探しですか？

ブオンジョルノ　　　　　デズィーデラ
Buongiorno. Desidera?
こんにちは　　　　　　　お望みですか

□ B: ウィンドウの中のカバンを見せてください。

ミ　プオ　ファル ヴェデール ラ ボルサ　ケ　エ　イン
Mi può far vedere la borsa che è in
　　　　　　　　　見る

ヴェトゥリーナ
vetrina?

□ B: ちょっと見ているだけです。ありがとう。

スト　ソーロ　グワルダンド　　　　グラーツィエ
Sto solo guardando. Grazie.
〜している ただ　見る　　　　　ありがとう

関連表現・事項

□ 衣料品売り場はどこですか？

ドヴェー　イル レパルト　アッビッリアメント
Dov'è il reparto abbigliamento?
どこですか　売り場　　衣料品

└ 英語の "department"

すぐに使えるフレーズ

□ どこでショッピングができますか？

ドヴェ　　ポッソ　　　ファーレ　ショッピング
Dove posso fare shopping?
どこですか　　　　　　する

□ ここから遠いですか？

エ　ロンターノ　　ダ　　クイ
È lontano da qui?
　　　遠い

□ 道順を教えてください。

コメ　　　スィ プオ　　アッリヴァーレ
Come si può arrivare?
どのように　　できる　　着く

□ 婦人服売り場はどこですか？

ドヴェ　　ソーノ　イ ヴェスティーティ ダ ドンナ
Dove sono i vestiti da donna?
どこですか　　　　　　　　婦人服

たずねる対象が複数

□ エレベーターはどこですか？

ドヴェー　　　ラッシェンソーレ
Dov'è l'ascensore?
どこですか　　エレベーター

男性名詞

PART 4

すぐに話せる！イタリア旅行重要フレーズ

□ これを見たいのですが。

ヴォッレイ　ヴェデーレ　クエスト
Vorrei vedere questo.
〜したいのですが　見る　これ

□ さわってもいいですか？

ポッソ　　　トッカーレ
Posso toccare?
〜してもいいですか　さわる

□ この指輪を見せてもらえますか？

プオ　　ファルミ　ヴェデーレ　クエスト　　アネッロ
Può farmi vedere questo anello?
私に〜してもらえますか　見る　　この　　　　指

□ A: こちらはいかがですか？

レ　　ピアーチェ　クエスト
Le piace questo?

□ B:〈探してくれた物に対して〉これはちょっと違います。

クエスト　　ノネ　　　クエッロ　　ケ　　チェルコ
Questo non è quello che cerco.
　　　　　　　　　　　あの

□ Vネックのセーターがほしいのですが。

ヴォッレイ　ウン　マッリオーネ　コン　スコッロ　ア　ヴー
Vorrei un maglione con scollo a V.
〜がほしいのですが　　セーター　　　　　　Vネックの

→タートルネックは **collo alto**，クルーネックは **girocollo**。

□ どれがいいですか？

クワーレ　　プレフェリッシェ
Quale preferisce?
どの

□ 免税店はありますか？

チェ　ウン　ネゴーツィオ　　デューティーフリー
C'è un negozio duty-free?
　　　　　　　免税店

□ みやげ物は置いてますか？

アヴェーテ　デイ　スーヴェニール
Avete dei souvenir?
ありますか　　　みやげ物

※それが何かによって変化します。スカートの場合は **la**、ジーンズの場合は **li** などに変化します。

□ それはどこで買えますか？

ドヴェ　　ポッソ　　コンプラルロ
Dove posso comprarlo?
どこで　　　　　　買う

PART 4

すぐに話せる！イタリア旅行重要フレーズ

19 Lezione ショッピング〈試着・支払い〉

ショート対話

□ A: すみません，試着してみていいですか？

スクージ　ポッソ　プロヴァルロ
Scusi, posso provarlo?
すみません　〜してもいいですか　試着する

□ B: どうぞ。

スィ　アッコーモディ
Si accomodi.
　　お気軽に

□ A: 服のサイズはいくつですか？

ケ　　タッリア　　ポルタ
Che taglia porta?
何　　サイズ　あなたは〜を身に付ける

□ B: 40 です。

ラ　　クワランタ
La quaranta.
　　40

関連表現・事項

□ どんな色がありますか？

ケ　コローリ　アヴェーテ
Che colori avete?
　何の色　　あります

（店などで、いろいろな色があることを前提にして話をしているので）
→ colore の複数形。

すぐに使えるフレーズ

□ 試着してもいいですか？

ポッソ　　　プロヴァルロ
Posso provarlo?
〜してもいいですか　試してみる

「試してみる」
provare

□ このスカートを試着したいのですが。

ヴォッレイ　プロヴァレ　　クエスト　　　ゴンナ
Vorrei provare questa gonna.
〜したいのですが　　　　　この　　　スカート

□ 試着室はどこですか？

ドヴェ　　イル カメリーノ　　ディ プローヴァ
Dov'è il camerino di prova?
　　　　　　　　　　　　試着室

□ ぴったりです。

クエスタ　エ　プロープリオ　ラ　ミア　　ミズーラ
Questa è proprio la mia misura.
これ　　　　ちょうど　　　　　　大きさ

□ サイズが合いません。

クエスタ　　ノネ　　　ラ　ミア　　ミズーラ
Questa non è la mia misura.

□ ほかの型はありますか？

アヴェーテ　クアルケ　　アルトゥロ　モデッロ
Avete qualche altro modello?
　　　　　何か　　　　ほかの　　　型

PART 4

すぐに話せる！イタリア旅行重要フレーズ

143

□ これと同じものはありますか？

ネ　アヴェーテ　ウーノ（ナ）　ウグアーレ
Ne avete uno(a) uguale?
　　　ありますか

□ 靴のサイズはいくつですか？

ケ　　ヌーメロ　　　ポルタ
Che numero porta?　　「身につけている」といった意味。
何　　サイズ　　あなたは持っている

→ **numero** はこの場合，靴のサイズを指します。服のサイズは **taglia** ［タッリア］。

□ 少しきついです。

ソーノ　　ウン　ポ　　ストレッテ
Sono un po' strette.
〜である　少し　きゅうくつな

□ もっと大きい［小さい］のはありますか？

ネ　アヴェーテ　ウーノ　ピュ　グランデ　　ピッコロ
Ne avete uno più grande[piccolo]?
　　ありますか　　　　もっと　大きい　　　［小さい］

□ ほかの色はありますか？

アヴェーテ　　ウナルトゥロ　　コローレ
Avete un altro colore?
ありますか　　　ほかの　　　色

→ **altro** は「そのほかの〜」という形容詞。複数の名詞にかかるときは，**altri**。

□ 素材は何ですか？

ケ　　マテリアーレ　　エ
Che materiale è?
　　何の素材で　　　作られた

☐ ここが汚れています。

チェ　ウナ　マッキア　クイ
C'è una macchia qui.
〜があります　汚れ　　　　ここ

☐ いくらですか？

クワント　　コスタ
Quanto costa?
いくら　　　値段がする

☐ もっと安いのはありますか？

アヴェーテ　クワルコーザ　　デイ　メーノ　　カーロ
Avete qualcosa di meno caro?
ありますか　何か　　　　　もう少し〜ない　高い

☐ もう少し考えます。

ポッソ　　　ペンサールチ　ウン　ポ
Posso pensarci un po'?
〜してもいいですか　考える

☐ ごめんなさい。また来ます。

マガーリ　　リトールノ　　グラーツィエ
Magari ritorno. Grazie.
できれば　　再び来る　　ありがとう

☐ これをください。

プレンド　クエスト
Prendo questo.
ください　これ

手元に近いものを指して言う代名詞。これに対して、ちょっと遠くにあるものを指して言う代名詞は quello。

PART 4 すぐに話せる！イタリア旅行重要フレーズ

【勘定・包装】

□ 会計はどこですか？

ドヴェ　ラ　カッサ
Dov'è la cassa?

□ 贈り物にしたいのですが。

エ　ウン　レガーロ
È un regalo.

□ 1つずつ包んでください。

プオ　　インカルターレ　　クエステイ　ア　ウノ　ア　ウノ
Può incartare questi a uno a uno?
〜できますか　包む　　　　これ　　　　1つずつ

□ 袋をいただけますか？

ミ　プオ　　ダーレ　ウン　サッケット
Mi può dare un sacchetto?
私に〜してもらえますか　与える　袋

sacco（袋）の小さいものを表します。

□ クレジットカードで払えますか？

ポッソ　　　パガーレ　　コン　ラ　カルタ　ディ　クレーディト
Posso pagare con la carta di credito?
〜してもいいですか　支払う　　　クレジットカードで

□ トラベラーズチェックは使えますか？

アッチェッターテ　　トゥラヴェラーズ　　　チェック
Accettate traveller's cheque?
　受け入れる　　　　　トラベラーズチェック

□ おつりが違っています。

イル　レスト　エ　ズバリアート
Il resto è sbagliato.
　おつり　　　　間違っている

□ 領収書をください。

ミ　ダ　ウナ　リチェヴータ　　ペル　ファヴォーレ
Mi dà una ricevuta, per favore?
　　　　　　　　領収書

□ 返品したいのですが。

ヴォッレイ　レスティトゥイーレ　クエスト
Vorrei restituire questo.
〜したいのですが　返す　　　　これ

□ 日本の私の住所宛てに送ってもらえますか？

プオ　　スペディールロ　アル　ミオ　インディリッツォ　イン　ジャッポーネ
Può spedirlo al mio indirizzo in Giappone?
　　　　送る　　　　　　　　　　住所　　　　　　日本

□ 保険をかけてもらえますか？

ポッソ　　アッスィクラールロ
Posso assicurarlo?

■ショッピング

店員	**commesso(a)** コンメッソ（サ）		割引	**sconto** (m) スコント
デパート	**grande magazzino** (m) グランデ マガッズィーノ		バーゲン	**saldi** (m, pl) サルディ
免税店	**duty-free** (m) デューティー フリー		お土産	**souvenir** (m) スヴェニール
おみやげ店	**negozio di souvenir** (m) ネゴッツィオ ディ スヴェニール		贈り物	**regalo** (m) レガーロ
スーパーマーケット	**supermercato** (m) スーペルメルカート		靴	**scarpe** (f, pl) スカルペ
書店	**libreria** (f) リブレリーア		化粧品	**cosmetici** (m, pl) コズメーティチ
ショーウインドウ	**vetrina** (f) ヴェトゥリーナ		香水	**profumo** (m) プロフーモ
値段	**prezzo** (m) プレッツォ		ワイシャツ	**camicia** (f) カミーチャ
			ブラウス	**camicetta** (f) カミチェッタ
			ワンピース	**abito intero** (m) アービト インテーロ
			コート	**cappotto** (m) カッポット
			スカート	**gonna** (f) ゴンナ
			セーター	**maglione** (m) マッリオーネ

ネクタイ	**cravatta** (f) クラヴァッタ		小さい	**piccolo** ピッコロ
ズボン	**pantaloni** (m, pl) パンタローニ		大きい	**grande** グランデ
時計	**orologio** (m) オロロージョ		長い	**lungo** ルンゴ
試着室	**camerino di prova** (m) カメリーナ　ディプローヴォ		短い	**corto** コルト
レジ	**cassa** (f) カッサ		ゆるい	**largo** ラルゴ
			ウール	**lana** (f) ラーナ
			絹	**seta** (f) セータ
			コットン	**cotone** (m) コトーネ

PART 4 すぐに話せる！イタリア旅行重要フレーズ

20 Lezione 観光する，道をたずねる

ショート対話

□ A: 市内の地図はありますか？

アヴェーテ　ウナ　カルタ　デッラ　チッタ
Avete una carta della città?
ありますか　　　地図　　　　町の

□ B: はい，お嬢さん。

スィ　スィニョリーナ
Sì, signorina.

□ A: 出発は何時ですか？

ア　ケ　オーラ　パルティアーモ
A che ora partiamo?
　　　何時に　　出発しましょう

□ B: 13時に出発します。

パルティアーモ　　　アッレ　トレディチ
Partiamo alle 13. ——— tredici
出発しましょう　13時に

関連表現・事項

□ 質問してもいいですか？

ポッソ　　ファルレ　ウナ　ドマンダ
Posso farle una domanda?
〜してもいいですか　　　　質問

□ 観光案内所はどこですか？

ドヴェー　ルッフィーチョ　インフォルマツィオーニ　トゥリスティケ
Dov'è l'ufficio informazioni turistiche?
どこですか　事務所　　　情報の　　　　　観光の

すぐに使えるフレーズ

☐ 日本語のパンフレットはありますか？

アヴェーテ　デッリ　オプースコリ　イン　ジャッポネーゼ
Avete degli opuscoli in giapponese?
ありますか　　　　　パンフレット　　日本語の

☐ これをいただいてもいいですか？

ポッソ　　　プレンデレ　　　　クエスト　　　クエスタ
Posso prendere questo[questa]?
〜してもいいですか　もらう　　これ　　　　あれ

☐ 見どころを教えてもらえますか？

ミ　　コンスィンリァ　　ウン　ポスト　　インテレッサンテ
Mi consiglia un posto interessante?
　　　助言する　　　　　　場所　　興味深い

☐ 景色のいいのはどこですか？

クアレ　　イル　ルオーゴ　ミッリオーレ　　ペル　ヴェデーレ　ウン　ベル
Qual è il luogo migliore per vedere un bel
どこですか　　場所　　　　　　　　　　　　　見る

「よりよい」
最高の場所

パノラーマ
panorama?
景色

☐ A: 市内観光バスはありますか？

チェ　ウナウトブス　　　ケ　ファ　ジーリ　トゥリスティチ　デッラ　チッタ
C'è un autobus che fa giri turistici della città?
ある　　バス　　　　　　　　　　周遊する　観光の　　　　　　町の

☐ B: ありますよ。

スィ　チェ
Sì, c'è.

PART 4

すぐに話せる！イタリア旅行重要フレーズ

□ 観光ツアーに参加したいのですが。

ヴォッレイ　パルテチパーレ　　　アドゥナ　　ジータ
Vorrei partecipare ad una gita.
〜したいのですが　参加する

□ 1日のコースはありますか？

チェ　ウナ　ジータ ディ ウナ　ジョルナータ
C'è una gita di una giornata?
ありますか　　ツアー　　　　1日コース

※手書きメモ：「半日コース」は mezza giornate　メッヅァ　ジョルナータ

□ ツアーは何時間かかりますか？

クワント　　　ドゥーラ イル ジーロ
Quanto dura il giro?
どのくらいの　　ツアー

□ 日本語のガイドはついていますか？

チェ　ウナ　グイダ　　ケ　　パルラ　　ジャッポネーゼ
C'è una guida che parla giapponese?
いますか　　ガイド　　　　　話す　　日本語

□ 食事はついてますか？

イ　パスティ　ソーノ　コンプレースィ
I pasti sono compresi?
　食事　　　　　　含む

□ 集合場所はどこですか？

クワーレ　イル ルオーゴ　ディ インコントロ
Qual é il luogo di incontro?
どこですか　　場所　　　　集合の

【道をたずねる】

□ すみません，トレヴィの泉はどこですか？

スクーズィ　コメ　　ポッソ　　アリヴァーレ　アッラ　フォンターナ
Scusi. Come posso arrivare alla Fontana
　　　　　　どのように　　　　着く

ディ トゥレーヴィ
di Trevi?

□ コロセウムへ行きたいのですが。

ヴォッレイ　アンダーレ　　アル コロッセオ
Vorrei andare al Colosseo.
〜したいのですが　行く　　コロセウムへ

→ 不規則な変化をする動詞ですね。
（P.27参照）

□ この地図で教えてください。

プオ　　ファルミ　ヴェーデーレ　ラ　ストゥラーダ　ス　　クエスタ
Può farmi vedere la strada su questa
私に〜してもらえますか　見る

ピアンティーナ
piantina?
地図

□ 近いですか？

ダ　クイ　エ ヴィーノ
Da qui è vicino?
　　ここ　　　近い

□ 何か目印はありますか？

チェ　クアルケ　　　インディカツィオーネ
C'è qualche indicazione?
　　　何か　　　　　目印

PART 4

すぐに話せる！イタリア旅行重要フレーズ

153

□ ここに書いてくださいませんか？

Me lo può scrivere[segnare], per favore?
メ ロ プオ スクリーヴェレ センニャーレ ペル ファヴォーレ
　　　　　　　　書く　　　　印をつける

□ ここからどのくらいの距離ですか？

Quanto dista da qui?
クワント ディスタ ダ クイ
どのくらい 距離がある ここから

「〜から」

→ **dista** は **distare**（距離がある）の3人称単数の活用形。

□ どのくらい時間がかかりますか？

Quanto tempo ci vuole?
クワント テンポ チ ヴォーレ
どのくらい 時間 かかる

→ **tempo** は「時間」。**ci vuole** は「（時間・費用が）かかる」という決まった言い回し。

□ A: 歩いてそこまで行けますか？

Si può andare a piedi?
スィ プオ アンダーレ ア ピエーディ
　　　　　　　行く　　　歩いて

□ B: バスに乗ったほうがいいですよ。

È meglio che prenda un autobus.
エ メッリオ ケ プレンダ ウナ ウトブス
より良い　　　　乗る　　　　　バス

□ ここはどこですか？

ドヴェ　スィアーモ
Dove siamo?
どこ　　私たちはいる

「私たちはどこにいますか」という意味。

→ **siamo** は動詞 **essere** の **noi**（私たちは）の活用形。

□ この通りはどこに出ますか？

ドヴェ　　ポルタ　　クエスタ　　ストゥラーダ
Dove porta questa strada?
　　　　　運ぶ　　　この　　　　通り

□ 道に迷ってしまいました。

オ　　ペルソ　　ラ　ストラーダ
Ho perso la strada.
〜した　迷う　　　道

□ この通りの名前はなんですか？

コメ　　　スィ キアーマ　　クエスタ　　ヴィーア
Come si chiama questa via?
どのような　名前である　　この　　　　通り

□ あれは何ですか？

ケ　　コーゼー　　クエッロ
Che cos'è quello?
　　何ですか　　　あれ

PART 4

すぐに話せる！イタリア旅行重要フレーズ

21 Lezione 観光する〈美術館・博物館〉

ショート対話

□ A: 1人いくらですか？

クアント　　コスタ　　ア　ペルソーナ
Quanto costa a persona?
いくら　　　値段がする　一人当り

□ B: 8ユーロです。

オット　エウロ
Otto euro.

□ A: 今日は何時まで開いていますか？

フィーノ　ア　ケ　　オーラ　スィエーテ アペルティ　オッジ
Fino a che ora siete aperti oggi?

□ B: 6時です。

フィーノ　アッレ　セーイ
Fino alle ⑥. 〜 sei

関連表現・事項

□ A: 入口［出口］はどこですか？

ドヴェー　　　レントゥラータ　　ルッシータ
Dov'è l'entrata[l'uscita] ?
どこですか　　入口　　　　　　［出口］

□ B: あちらです

エ　リ
È lì.

すぐに使えるフレーズ

☐ 美術館［博物館］は何時に開きますか？

ア ケ　オーラ　アープレ　イル　ムゼーオ
A che ora apre il museo?
何時に　　　開く　　　　美術館［博物館］

☐ 美術館［博物館］は何時に閉まりますか？

ア ケ　オーラ　キウーデ　イル　ムゼーオ
A che ora chiude il museo?
何時に　　　閉まる

☐ 何曜日が休みですか？

ケ　　ジョルノ　エ キウーゾ（ザ）
Che giorno è chiuso(a)?
　　　　　　　　　　　閉まった

☐ 入場料はいくらですか？

クアント　コスタ　レントゥラータ
Quanto costa l'entrata?
　　　　　　　　　　入場料

☐ 館内ツアーは何時にありますか？

ア ケ　オーラ　コミンチャ　ラ ヴィズィタ グイダータ
A che ora comincia la visita guidata?
何時に　　　始まる　　　　　館内ツアー

☐ 荷物を預かっていただけますか？

ポッソ　ラッシャーレ　クエスト　バガッリオ
Posso lasciare questo bagaglio?
〜してもいいですか　置いておく　この　　荷物

PART 4

すぐに話せる！イタリア旅行重要フレーズ

□ 絵はがきを売っていますか？

ヴェンデーテ　カルトリーネ
Vendete cartoline?
　　　　　　絵はがき

□ どのくらいの高さですか？

クアント　　エ　アルト
Quanto è alto?
　　　　　　　高さ

「広さ」なら largo ラルゴ

□ どのくらい古いのですか？

クアント　　エ　アンティーコ
Quanto è antico?
　　　　　　　古い

□ ここに誰が住んでいたのですか？

キ　ア　ヴィッスート　クイ
Chi ha vissuto qui?
　　　　住む

□ あの建物は何ですか？

コゼ　　クエッレ　エディ　フィーチョ
Cos'è quell'edificio?
　　　　　　　　建物

□ 誰がそれを建てたのですか？

キ　ラ　コストゥルイート
Chi l'ha costruito?
　　　　建てる

□ あの絵を描いたのは誰ですか？

キ ア ディピント クエル クアドゥロ
Chi ha dipinto quel quadro?
　　　　描く

□ これは何の行列ですか？

ペル ケ コゼ クエスタ コーダ
Per che cos'è questa coda?
　　　　　　　　　　　行列

□ ここが列の最後尾ですか？

エ クイ ラ フィーネ デッラ コーダ
È qui la fine della coda?
　　　　　　列の最後尾

□ 売店はどこですか？

ドヴェー イル キオースコ
Dov'è il chiosco ?
どこですか　　売店

□ おすすめのおみやげはどれですか？

クワーレ スーヴェニール ミ コンスィリア
Quale souvenir mi consiglia?
　　　　おみやげ

22 Lezione 写真を撮る

ショート対話

□ A: 写真を撮っていただけますか？

ミ　プオ　ファーレ　ウナ　フォトグラフィーア
Mi può fare una fotografia?
　　　撮る　　　　写真

＝foto

ひとかたまりの表現として覚えましょう。

□ B: ええ，喜んで。

スィ　ヴォレンティエーリ
Sì, volentieri.

□ A: ここを押すだけです。

バスタ　　プレーメレ　　クィ
Basta premere qui?
〜で十分　　押す　　　　ここ

■ 意味の違いに注意

　上の「A: 写真を撮っていただけますか？」は自分のカメラを差し出して相手に撮ってもらう意味です。主語は相手になります。

　ポッソ　ファーレ　ウナ　フォトグラフィーア
　Posso fare una fotografia?（写真を撮ってもいいですか？）との意味の違いに注意。

関連表現・事項

すぐに使えるフレーズ

☐ A: ここで写真を撮ってもいいですか？

ポッソ　　　フォトグラファーレ　　クイ
Posso fotografare qui?
〜してもいいですか　写真を撮る　　　　ここで

☐ B: ええ，もちろんです。

スィ　　チェルト
Sì, certo.

☐ A: フラッシュをたいてもいいですか？

ポッソ　　　ウザーレ　イル フレッシュ
Posso usare il flash?
　　　　　　使う　　　フラッシュ

☐ B: いいえ，あいにくですが。

ノ　　ミ　　ディスピアーチェ
No, mi dispiace.

☐ 一緒に写真に入っていただけますか？

ヴォーレ　ファーレ　ウナ　フォト　コン　メ
Vuole fare una foto con me?
〜してもらえますか　　　　　　　私といっしょに

☐ もう1枚お願いします。

アンコーラ　　ウナ　　ヴォルタ　　ペル　ファヴォーレ
Ancora una volta, per favore.
　　もう　　　　1回　　　　　　お願いします

PART 4

すぐに話せる！イタリア旅行重要フレーズ

161

23 Lezione 観戦・観劇

ショート対話

【観戦】

A: サッカーの試合を見たい。

Voglio vedere una partita di calcio.
ヴォリオ　ヴェデーレ　ウナ　パルティータ　ディ　カルチョ
見たい　　　　　　　　試合　　　　サッカーの

B: どのチームの試合ですか？

Che squadre giocano?
ケ　スクアードレ　ジョーカノ
何の　選手たち　　プレーする

A: スタジアムはどこですか？

Dov'è lo stadio?
ドヴェ　ロ　スターディオ

関連表現・事項

□まだ今夜の席はありますか？

C'è ancora posto per questa sera?
チェ　アンコーラ　ポスト　ペル　クエスタ　セーラ
ありますか　まだ　　席　　　　　　　今夜の

→ **questa sera** は **stasera** [スタセーラ] とも言います。

すぐに使えるフレーズ

☐ どこでチケットが買えますか？

ドヴェ　　ポッソ　　コンプラーレ　　ウン　ビリエット
Dove posso comprare un biglietto?
どこ　　できる　　　買う　　　　チケット

☐ 入場料はいくらですか？

クワント　　コスタ　　レントゥラータ
Quanto costa l'entrata? 「入場」
いくら　　する　　入場料

→ **quanto** はここでは値段を意味しています。

costare (〜の値段である)
3人称単数の活用。

☐〈窓口で〉学生2人お願いします。

ドゥーエ ビリエッティ　　ペル　ストゥデンティ　　ペル　ファヴォーレ
Due biglietti per studenti, per favore.
2枚のチケット　　　　学生のための

☐ 応援グッズはどこで買えますか？

ドヴェ　　ポッソ　　コンプラーレ　　デイ　スーヴェニール　デッラ
Dove posso comprare dei souvenir della
　　　　　　　　買う　　　　　応援グッズ

スクアードゥラ
squadra?

PART 4

すぐに話せる！イタリア旅行重要フレーズ

【観劇】

□ この街の劇場はどこですか？

ドヴェ　　イル テアートゥロ ディ クエスタ　　チッタ
Dov'è il teatro di questa città?
　　　　　劇場　　　　　この　　　　町

□ カンツォーネはどこで聴くことができますか？

ドヴェ　　ポッスィアーモ　　アンダーレ　　ペル　　アスコルターレ
Dove possiamo andare per ascoltare
　　　　　〜できる　　　　行く　　　　　　　聴く

デッレ　　ベッレ　　カンツォーニ　　イタリアーネ
delle belle canzoni italiane?
〜の　　　よい　　　カンツォーネ　　　イタリア

□ 今晩は何をやっていますか？

ケ　　　ダンノ　　　スタセーラ
Che danno stasera?
何　　上演している　今晩

□ 今，人気がある芝居［ミュージカル］を見たいのですが。

ケ　　　ジェネレ　　ディ テアートゥロ コンメーディア
Che genere di teatro[commedia
　　　　　　　　　　　　　　芝居　　　　　ミュージカル

ムズィカーレ　　　ヴァ ディ ピュ
musicale] va di più?
　　　　　　　　　はやっている

□ 今晩オペラは何をやっていますか？

コーザ　チュ　イン　プログランマ　　　スタセーラ　　アッロペラ
Cosa c'è in programma stasera all'opera ?
　　　　　　　　　　プログラム　　　　　今晩　　　　オペラ

□ このオペラを見たいのですが。

ヴォッレイ　　ヴェデーレ　　クエスタ　　オペラ
Vorrei vedere questa opera.
〜したいのですが　見る　　　この

→ **vedere un film** [ヴェデーレ　ウン　フィルム]「映画を見る」, **guardare la TV** [グアルダーレ　ラ　ティーヴー]「テレビを見る」

□ 主役は誰ですか？

キ　　ソーノ　　イ カンタンティ　　プリンチパーリ
Chi sono i cantanti principali?
　　　　　　　　　　主役

□ 誰が出演していますか？

キ　　ソーノ　　リ　アットーリ
Chi sono gli attori?　　　俳優［女優］

□ ここでチケットは買えますか？

ポッソ　　コンプラーレ　　イル ビリエット　　クイ
Posso comprare il biglietto qui?
〜できますか　買う　　　　　チケット　　　ここ

□ このコンサートはいつ終わりますか？

クワンド　　　フィニーシェ　クエスト　　コンチェルト
Quando finisce questo concerto?
いつ　　　　　終わるだろう　　この　　　　コンサート

英語の"finish"に相当

□ 席はありますか？

アヴェーテ　ウン　ポスト　　　リーベロ
Avete un posto libero?
ありますか　　　席　　　　　空いている

□ 2枚お願いします。

ドゥーエ　　ポスティ　　　ペル　　ファヴォーレ
Due posti, per favore.
2つ　　　　場所　　　　　お願いします

□ プログラムを1部ください。

ウン　　　プログランマ　　　　ペル　　ファヴォーレ
Un programma, per favore.
1つ　　　　プログラム

□ 今，人気があるのはなんですか？

クワーレ　　スペッターコロ　　ピアーチェ　ディ　ピュ
Quale spettacolo piace di più
何の　　　　公演／ショー　　　　気に入られている

アトゥアルメンテ
attualmente?
現在

□ 開演は何時ですか？

ア ケ　　オーラ　コミンチャ　　ロ　スペッターコロ
A che ora comincia lo spettacolo?
何時に　　　　　始まる　　　　　公演／ショー

→ **comincia** は動詞 **cominciare** の3人称単数の活用形。

□ 終演は何時ですか？

ア ケ　　オーラ　フイニッシェ　ロ　スペッターコロ
A che ora finisce lo spettacolo?
何時に　　　　　終わる　　　　公演／ショー

□ 入ってもいいですか？

ポッソ　　　エントラーレ
Posso entrare?
〜してもいいですか　入る　　　　「出る」は　ウッシーレ uscire

□〈チケットを見せて〉この席はどこでしょうか？

ドヴェー　　クエスト　　ポスト
Dov'è questo posto?
どこですか　　この　　　席

□ 席に案内してください。

ミ　プオ　　アコンパニャーレ　　　　アル　ミオ　ポスト　　　ペル
Mi può accompagnare al mio posto, per
　　　　　案内する　　　　　　　　　　私の　　席

ファヴォーレ
favore?

PART 4

すぐに話せる！イタリア旅行重要フレーズ

167

■観光 / 観戦・観劇

観光案内所	**ufficio informazioni turistiche** (f)	ルフィーチョ インフォルマツィオーニ トゥリスティケ
市街地図	**carta della città** (f)	カルタ デラ チッター
ガイドブック	**guida** (f)	グイーダ
通訳	**interprete** (f)	インテルプレテ
通り	**via** (f)	ヴィア
大通り	**viale** (m)	ヴィアーレ
公園	**parco** (m)	パルコ
広場	**piazza** (f)	ピアッツァ
港	**porto** (m)	ポルト
海岸	**costa** (f)	コスタ
島	**isola** (f)	イゾラ
名所, 旧跡	**monumento** (m)	モヌメント
遺跡	**rovine** (f)	ロヴィーネ
入場券	**biglietto d'ingresso** (m)	ビッリエット ディングレッソ
入口	**entrata** (f)	エントゥラータ
出口	**uscita** (f)	ウッシータ
開館	**apertura** (f)	アペルトゥーラ
閉館	**chiusura** (f)	キゥズーラ
開館時刻	**orario di apertura** (f)	オラーリオ ディ アペルトゥーラ
大人	**adulto** (f)	アドゥルト
子供	**bambino** (m)	バンビーノ
学生	**studente** (m)	ストゥデンテ
割引	**riduzione** (f)	リドゥツィオーネ
遊園地	**parco dei divertimenti** (m)	パルコ ディ デイ ディヴェルティメンティ
	luna park (m)	ルナ パルク

切符売り場	**biglietteria** (f) ビッリィエッテリーア	審判	**arbitro** (m) アルビトロ
プログラム	**programma** (m) プログランマ	ファウル	**fallo** (m) ファッロ
座席	**posto** (m) ポスト	イエローカード	**cartellino giallo** カルテッリーノ ジャッロ
入場券	**biglietto** (m) ビッリィエット	スタジアム	**stadio** (m) スターディオ
案内係	**maschera** (f) マスケラ	シュート	**tiro** (m) ティーロ
コンサート	**concerto** (m) コンチェルト	フォワード／ディフェンス	**attaccante** (m) **/ difensore** (m) アッタッカンテ ディフェンソーレ
サッカー	**calcio** (m) カルチョ	オフサイド	**fuorigioco** フオリジョーコ
試合	**partita** (f) パルティータ	PK戦	**rigore** (m) リゴーレ
映画	**film** (m) フィルム	サッカーファン	**tifosi del calcio** (m, pl) ティフォースィ デル カルチョ
映画館	**cinema** (m) チネマ	トトカルチョ	**totocalcio** (m) トトカルチョ
試合	**partita** パルティータ		
ゴール	**goal** (m) ゴウル		
ゴールキーパー	**portiere** (m) ポルティエーレ		

PART 4 すぐに話せる！イタリア旅行重要フレーズ

24 Lezione 両替する

ショート対話

□ A: この円を両替したいのですが。

ヴォッレイ　カンビアーレ　　クエスティ　イェン
Vorrei cambiare questi yen.
〜したいのですが　両替する

□ B: おいくらですか？

クワンテイ
Quanti?
いくら

□ A: 5万円です。

チンクワンタミーラ　　　　イェン
Cinquantamila yen.
5万　　　　　　　　　円
└ 50　　　└ 1000

数字はさっと言い出せるようにしておきましょう。(P.34参照)

関連表現・事項

□ この円をユーロにしたいのですが。

ヴォッレイ　カンビアーレ　　クエスティ　イェン　イネウロ
Vorrei cambiare questi yen in euro.
〜したいのですが　両替する　　　　　　　ユーロに

※「この〜を両替したいのですが」のパターン

すぐに使えるフレーズ

☐ どこで両替ができますか？

ドヴェ　　ポッソ　　カンビアーレ　　イ　ソルディ
Dove posso cambiare i soldi?
　どこで　　できる　　替える　　　　　　お金

☐ 為替レートはいくらですか？

クワンテー　イル　カンビオ
Quant'è il cambio?
　いくら　　　交換レート

☐ これを細かくしてください。

メ　リ　プオ　カンビアーレ　　イン スピッチョリ　　ペル　ファヴォーレ
Me li può cambiare in spiccioli, per favore?
　　　　　　　両替する　　　　小銭に

☐ 小銭も混ぜてください。

ヴォッレイ　アンケ　デッリ　スピッチョリ
Vorrei anche degli spiccioli.
〜したいのですが　また　　　　小銭

☐ このトラベラーズチェックを両替したいのですが。

ヴォッレイ　カンビアーレ　クエスティ　トラヴェレルズ　　　チェック
Vorrei cambiare questi traveller's cheques.
　　　　　両替する　　　　　　　トラベラーズチェック

☐ 計算が合っていないように思うのですが。

クレード　ケ　チ　スィア　ウネッローレ
Credo che ci sia un errore.
〜と思う　　　　〜がある　間違い

PART 4

すぐに話せる！イタリア旅行重要フレーズ

25 Lezione 郵便局で

ショート対話

□ A: 中身は何ですか？

ケ　コーザ　チェ　デントロ
Che cosa c'è dentro?
何ですか　　　　ある　中に

□ B: 私物です。

オッジェッティ　ディ　ウーゾ　ペルソナーレ
Oggetti di uso personale.
品々　　　　　　使用の　個人の

□ A: この郵便料金はいくらですか？

クワント　　　コスタ　　　クエスタ
Quanto costa questa?
いくら　　　値段がする

□ B: 50ユーロです。

チンクワンタ　　　エウロ
Cinquanta euro.

関連表現・事項

□ 記念切手がほしいのですが。

ヴォッレイ　デイ　フランコボッリ　　コンメモラティーヴィ
Vorrei dei francobolli commemorativi.
〜がほしいのですが　切手　　　　　記念の

→ **dei** は **di** + **i** の結合。**francobolli** は **francobollo** の複数形。**di** を付けることで,「何枚かの（切手）」と漠然とした数を表すことができます。

すぐに使えるフレーズ

☐ 郵便局［ポスト］はどこですか？

ドヴェー　ラ　ポスタ　　　カッセッタ　　デッレ　レッテレ
Dov'è la posta[cassetta delle lettere]?
どこですか　　郵便局　　　ポスト

☐ 切手はありますか？

アヴェーテ　デイ　フランコボッリ
Avete dei francobolli?　　　di + i の結合。
ありますか　　　切手

☐ 速達にしてください。

プオ　　ファルロ　　エスプレッソ
Può farlo espresso?
　　　　　　　　　速達

☐ このはがきを日本まで送りたいのですが。

ヴォッレイ　スペディーレ　クエスタ　　カルトリーナ　イン　ジャッポーネ
Vorrei spedire questa cartolina in Giappone.
〜したいのですが　発送する　　この　　　　はがき　　　　　日本へ

☐ この小包を送るのはいくらですか？

クワント　　　ヴィエネ　ペル　スペディーレ　クウスト　　パッコ
Quanto viene per spedire questo pacco?
いくら　　　　　　　　　　　発送する　　　　　　　　　小包

☐ 航空便［船便］でお願いします。

ヴィーア　アエーレア［マーレ］　ペル　ファヴォーレ
Via aerea[mare], per favore.
　　航空便　　船便　　　　　　　お願いします

☐ いつ着きますか？

クアンド　　　　アッリヴェラー
Quando arriverà?　　動詞 arrivare (到着する)
　　　　　　　　　　　　　の未来形で「到着するだろう」

PART 4

すぐに話せる！イタリア旅行重要フレーズ

■両替 / 郵便 / 電話

●【両替】

両替所	**cambio** *(m)*	カンビオ
銀行	**banca** *(f)*	バンカ
窓口	**sportello** *(m)*	スポルテッロ
手数料	**commissione** *(f)*	コンミッスィオーネ
紙幣	**banconota** *(f)*	バンコノータ
コイン	**moneta** *(f)*	モネータ
小銭	**spiccioli** *(m, pl)*	スピッチョリ
為替レート	**cambio** *(m)*	カンビオ
サイン	**firma** *(f)*	フィルマ
旅行小切手	**traveller's cheque** *(m)*	トラヴェレルズ　チェック

●【郵便】

郵便局	**ufficio postale** *(m)*	ウッフィーチョ　ポスターレ
郵便ポスト	**cassetta delle lettere** *(f)*	カッセッタ　デッレ　レッテレ
手紙	**lettera** *(f)*	レッテラ
ハガキ	**cartolina** *(f)*	カルトリーナ
切手	**francobollo** *(m)*	フランコボッロ
記念切手	**francobollo commemorativo** *(m)*	フランコボッロ　コンメモラティーヴォ
封筒	**busta** *(f)*	ブスタ
速達	**espresso** *(m)*	エスプレッソ
書留	**raccomandata** *(f)*	ラッコマンダータ

小包	**pacco** (m) パッコ
	pacchetto (m) パッケット
こわれもの	**oggetto fragile** (m) オッジェット　フラージレ
船便	**posta via mare** (f) ポスタ ヴィア　マーレ
航空便	**posta aerea** (f) ポスタ　アエーレア

● 【電話】

電話	**telefono** (m) テレーフォノ
携帯電話	**cellulare** (m) チェッルラーレ
公衆電話	**telefono pubblico** (m) テレーフォノ　プッブリコ
電話ボックス	**cabina telefonica** (f) カビーナ　テレフォーニカ
電話帳	**elenco telefonico** (m) エレンコ　テレフォーニコ
テレフォンカード	**carta telefonica** (f) カルタ　テレフォーニカ
内線	**interno** (m) インテルノ
国際通話	**chiamata internazionale** (f) キァマータ　インテルナッツィォナーレ
コレクトコール	**chiamata a carico del destinatario** (f) キァマータ　ア　カーリコ　デル デスティナターリオ

26 Lezione 電話で

よく使う表現

□ もしもし，ヴィオレッタさんのお宅ですか？

プロント　　パルロ　　コン　　カーサ　ヴィオレッタ
Pronto, parlo con casa Violetta?
もしもし　　話す　　〜と　　ヴィオレッタの家

□ こちらはナカムラです。

ミ　キアーモ　　ナカムラ
Mi chiamo Nakamura.
私は〜という名前です

□ ジョルジョをお願いします。

ポトレイ　　パルラーレ　　コン　　ジョルジョ
Potrei parlare con Giorgio?

関連表現・事項

□ 電話ボックスはどこですか？

ドヴェ　　ラ　カビーナ　　テレフォーニカ
Dov'è la cabina telefonica?
どこですか　　　電話ボックス

(「小部屋」女性名詞です。)

すぐに使えるフレーズ

☐ 公衆電話はどこですか？

ドヴェ　　イル テレーフォノ　　プッブリコ
Dov'è il telefono pubblico?
　　　　　　　　　　公衆電話

☐ テレフォンカードはありますか？

アヴェーテ　スケーデ　　テレフォーニケ
Avete schede telefoniche?
ありますか　　　　テレフォンカード

→ **schede telefoniche** は **scheda telefonica** の複数形。
Carta telefonica とも言います。

☐ 電話をお借りできますか？

ポッソ　　ウザーレ　イル テレーフォノ
Posso usare il telefono?
〜してもいいですか 使う　　　電話
「携帯電話」は il cellulare（イル チェッルラーレ）

☐ どのようにかけるのですか？

コメ　　スィ ウーザ
Come si usa?
どのように　　使う

☐ もう少しゆっくり話してください。

プオ　　パルラーレ　ピュ　レンタメンテ　　ペル　ファヴォーレ
Può parlare più lentamente, per favore?
話してください　　もう少し　ゆっくりと

PART 4
すぐに話せる！イタリア旅行重要フレーズ

□ いつ戻りますか？

サ　ディーミ　クアンド　リトルナ
Sa dirmi quando ritorna?
　　　　　　　いつ　　　　戻る

□ 伝言をお願いできますか？

ポッソ　　ラッシャーレ　ウン　メッサッジョ
Posso lasciare un messaggio?
〜してもいいですか　預ける　　　メッセージ

□ また後で電話します。

リキアメロー　　　ピュー タルディ
Richiamo più tardi.
電話をかける　　もっと　あとで

□ 内線135番をお願いします。

ヴォッレイ　リンテールノ　チェントトレンタチンクエ
Vorrei l'interno 135.
〜がほしいのですが　内線　　　「外線」は l'esterno（レステルノ）

□ 20号室をお願いします。

プオ　パッサルミ　ラ　カーメラ　ヴェンティ　ペル　ファヴォーレ
Può passarmi la camera 20, per favore?
　　つなげる　　　　部屋

☐ そのままお待ちください。

アッテンダ　　イン リネア
Attenda in linea.
待ってください

※英語の"line"に相当。ここでは「(電話の)回線」

☐ ごめんなさい。番号を間違えました。

ミ　スクーズィ　オ　スバリアート　　ヌーメロ
Mi scusi, ho sbagliato numero.
すみません　　　間違えた　　　　番号

☐ 日本に電話をしたいのですが。

ヴォッレイ　テレフォナーレ　　イン　ジャッポーネ
Vorrei telefonare in Giappone.
〜したいのですが　電話する　　日本に

☐ コレクトコールで電話をしたいのですが。

ヴォッレイ　ファーレ　ウナ　　キアマータ　　ア　カーリコ　デル
Vorrei fare una chiamata a carico del
〜したいのですが　　　　　　　コレクトコールで

デスティナターリオ
destinatario.

PART 4

すぐに話せる！イタリア旅行重要フレーズ

Lezione 27 盗難・紛失

ショート対話

□ A: カードを無効にしてください。

Potrebbe bloccare il mio conto?
(ポトレッベ ブロッカーレ イル ミオ コント / 動きを止める 口座)

□ B: カードナンバーはいくつですか？

Mi può dire il numero della Sua carta di credito?
(ミ プオ ディーレ イル ヌーメロ デッラ スア カルタ ディ クレーディト / ～していただけますか 言う 番号)

□ A: カードナンバーは 1234-5678 です。

Il numero è 1234-5678.
(イル ヌーメロ エ ウーノ ドゥエ トゥレ クアットゥロ チンクエ セイ セッテ オット)

関連表現・事項

□ 日本大使館はどこにありますか？

Dov'è l'Ambasciata giapponese?
(ドヴェ ランバシャータ ジャッポネーセ)

[領事館] **[il Consolato]** (イル コンソラート)

すぐに使えるフレーズ

□ A: バッグ［財布］を盗まれました。

ミ　アンノ　ルバート　ラ　ボルサ　イル　ポルタフォッリオ
Mi hanno rubato la borsa [il portafoglio].
私に対して　彼らは〜を盗んだ　バッグ　　　　　財布

□ B: どんなバックですか？

ケ　　ティーポ　ディ　ボルサ　エ
Che tipo di borsa è?
　　　種類　　　　バック

□ A: 黒いバックです。

ウナ　ボルサ　ネーラ
Una borsa nera.
　　　バック　黒い

「色」については P.42 参照

□ B: 何が入っていますか？

ケ　　コーザ　　チェ　デントゥロ
Che cosa c'è dentro?
何ですか　　　ある　中に

□ パスポート［クレジットカード］をなくしました。

オ　ペルソ　イル　パッサポルト　ラ　カルタ　ディ　クレーディト
Ho perso il passaporto [la carta di credito].
〜した　失う　　パスポート　　　　　クレジットカード

動詞 perdere (失う) の過去分詞 不規則な変化をします。

□ 遺失物係はどこですか？

ドヴェ　スィ　トゥローヴァ　ルッフィーチオ　デリ　オッジェッティ　ズマッリーティ
Dove si trova l'ufficio degli oggetti smarriti?
どこ　〜にある　　　事務所　　　　　遺失物の

CD 77

□ A: 盗難証明書をつくってください。

プオ　ファルミ　ウン　チェルティフィカート　ペル　イル　フールト
Può farmi un certificato per il furto?
私に〜してもらえますか　　　　盗難証明書

「証明書」
英語の "certificate"

□ B: この書類に記入してください。

コンピーリ　　クエスト　　モードゥロ
Compili questo modulo.
書く　　　　　この　　　　書類

□ A: 見つかったらここに連絡をお願いします。

ミ　テレーフォナ　ア　クエスト　　ヌーメロ　　セ　ラ　トローヴァ
Mi telefona a questo numero se la trova?
私に　電話する　　　この　　　　番号　　　もし　それを　見つける

□ 交通事故が起きました。

エ　スッチェッソ　　ウン　インチデンテ
È successo un incidente.
　　　　　　　　　　　　　　事故

□ 警察署はどこですか？

ドヴェ　ラ　クエストゥーラ
Dov'è la Questura?

182

□ さわらないでよ！

ノン　トッカルミ
Non toccarmi!
〜しない　私をさわる

□ 助けて！

アイウート
Aiuto!

□ 泥棒！

アル　ラードロ
Al ladro!

□ やめて！

スメッティラ
Smettila!

□ 出ていけ！

フオーリ
Fuori!

□ 警察に電話して！

キァマーテ　　　　　ラ　ポリツィーア
Chiamate la polizia!
　　呼ぶ　　　　　　　　　警察

28 Lezione 病気・診察・薬局

ショート対話

□ A: おなかが痛いのですが。

Ho mal di pancia.
持っている 痛み 腹

□ B: どんな感じの痛みですか？

Che genere di dolore è?
痛み

□ A: 軽く［キリキリ／ズキズキ／絶えず］痛みます。

È un dolore debole[acuto / lancinante /
軽く　　　キリキリ　　ズキズキ

costante].
絶えず

関連表現・事項

□ 病院へ連れて行ってください。

Mi porti all'ospedale, per favore.

□ 救急車を呼んでください。

Mi chiami l'ambulanza, per favore.

すぐに使えるフレーズ

☐ この近くに病院はありますか？

チェ　ウン　オスペダーレ　　クイ　ヴィチーノ
C'è un ospedale qui vicino?
ありますか　病院　　　　　この近くに

→ **qui** は「ここ」。それに対して，**là / lì** は「あそこ」。

☐ 医師を呼んでいただけますか？

プオ　キァマールミ　ウン　メーディコ　　ペル　ファヴォーレ
Può chiamarmi un medico, per favore?
〜していただけますか　私に呼ぶ　　医師

☐ 日本語［英語］の話せる医師はいますか？

チェ　ウン　メーディコ　ケ　　パルラ　　ジャッポネーゼ　　イングレーゼ
C'è un medico che parla giapponese[inglese]?
いますか　医師　　　　　話す　日本語　　　　　英語

国名は *inghilterra*
　　　　インギルテッラ

☐ どうしたのですか？

ケ　　コーザ　スィ　センテ
Che cosa si sente?
何を　　　　あなたは〜感じる

☐ A: どこが痛みますか？

ドヴェ　　レ　ファ　マーレ
Dove Le fa male?
　　　　　〜が痛くする

PART 4
すぐに話せる！イタリア旅行重要フレーズ

□ B: ここが少し［とても］痛いです。

オ　　ウン　レッジェーロ　フォルテ　ドローレ　クイ
Ho un leggero[forte] dolore qui.
持っている　軽く　　　［強く］　　痛み　　ここ

□ A: 食欲はどうですか？

ア　　アッペティート
Ha appetito?

□ B: あります。／ありません。

スィ　　　ノ
Sì. / No.
はい　　いいえ

□ 頭が痛いのですが。

オ　　マル　ディ テスタ
Ho mal di testa.
持っている　痛み　頭

□ 足［手］をけがしました。

ミ　　ソーノ　フェリート（タ）ラ ガンバ　　ラ マーノ
Mi sono ferito(a) la gamba[la mano].
私に　　　　けがを負わせた　　　　足　　　　　手

□ 下痢しています。

オ　ラ　ディアッレーア
Ho la diarrea.
持っている　下痢

☐ 血圧［体温］を計りましょう。

レ　ミズーロ　　ラ　プレッスィオーネ　　フェッブレ
Le misuro la pressione[febbre].
　　　　　　　　　　血圧　　　　　　　［体温］

☐ 熱があります。

オ　ラ　フェッブレ
Ho la febbre.
持っている　熱

☐ この歯が痛いのですが。

ミ　ファ　マーレ　　クエスト　　デンテ
Mi fa male questo dente.
私を　〜が痛くする　この　　　歯

☐ A: 薬のアレルギーはありますか？

エ　アッレールジコ（カ）　ア　クアルケ　　メディチーナ
È allergico(a) a qualche medicina?
　　アレルギー　　　　　　　何か　　　　薬

☐ B: 私はアレルギー体質です。

ソーノ　　　アッレルジコ（カ）
Sono allergico(a).
ある　　　　アレルギー

☐ 薬をいただけますか？

プオ　　ダルミ　　クワルケ　　メディチーナ
Può darmi qualche medicina?
〜していただけますか　私に与える　何か　　　薬

PART 4

すぐに話せる！イタリア旅行重要フレーズ

□ この保険証を使えますか？

ポッソ　　ウザーレ　ラ　ポリッツァ　デラシクラツィオーネ
Posso usare la polizza dell'assicurazione?
〜してもいいですか　使う　　証書　　　　　　保険の

□ A: どのくらいで治りますか？

クアント　　テンポ　　チ　ヴオーレ　ペル　グァリーレ
Quanto tempo ci vuole per guarire
どのくらいで　　　　　　　　　　　　病気が治る

コンプレタメンテ
completamente?

□ B: 2, 3日でよくなるでしょう。

スィ　リメッテラ　イン　ウン　パイオ　ディ　ジョルニ
Si rimetterà in un paio di giorni.
　　　　　　　　　　　　2, 3日で

□ 旅行を続けてもいいですか？

ポッソ　　　コンティヌアーレ　　イル ヴィアッジョ
Posso continuare il viaggio?
〜してもいいですか　続ける　　　　　旅行

□ 少し良くなりました。

ミ　セント　ウン　ポ　メリオ
Mi sento un po' meglio.
私に　感じる　　　少し　より良く

188

□ 旅行保険に入っています。

オ　　ウナアッスィクラツイオーネ
Ho un'assicurazione.
　　　　　　保険

□ 診断書をいただけますか？

ミ　　プオ　　ファーレ ウン　チェルティフィカート メーディコ
Mi può fare un certificato medico?
〜していただきますか　　　　　診断書

□ 領収書をいただけますか？

ミ　　ダ　　ウナ　　リチェヴータ　　ペル　　ファヴォーレ
Mi dà una ricevuta, **per favore**?
　　　　　　　　　領収書

□ 最寄りの薬局はどこですか？

ドーヴェ　　ラ ファルマチーア　　アペルタ　　ピュー ヴィチーナ
Dov'è la farmacia aperta più vicina?
どこにある　　　薬局　　　　開いている　　　最寄りの

□ 風邪薬がほしいのですが。

ヴォッレイ　クワコーザ　　　ペル　イル ラッフレッドーレ
Vorrei qualcosa per il raffreddore.
〜がほしいのですが　　何か　　　　風邪のための

→ **qualcosa** は英語の *something*。つねに単数形をとります。

■紛失・盗難 / 病気・診察・薬局

●紛失・盗難

財布	**portafoglio** (m) ポルタフォッリオ
バッグ	**borsa** (f) ボルサ
荷物	**bagagli** (m, pl) バガッリィ
パスポート	**passaporto** (m) パッサポルト
クレジットカード	**carta di credito** (f) カルタ ディ クレーディト
トラベラーズチェック	**traveller's cheques** (m) トラヴェレルズ チェック
日本大使館	**Ambasciata giapponese** (f) アンバッシャータ ジャッポネーゼ
警察	**polizia** (f) ポリッツィーア
警察署	**commissariato di polizia** (m) コンミッサリアート ディ ポリッツィーア
被害届	**denuncia** (f) デヌンチャ
遺失物取扱所	**ufficio oggetti smarriti** (m) ルッフィーチョ オッジェィティ ズマッリーティ
盗難証明書	**denuncia di furto** (f) デヌンチャ ディ フルト
	certificato della denuncia furto (f) チェルティフィカート デッラ デヌンチャ フルト
事故	**incidente** (m) インチデンテ
事故証明	**denuncia di furto** (f) デヌンチャ ディ フルト
	certificato di incidente (f) チェルティフィカート ディ ウニンチデンテ

190

● 病気・診察・薬局

日本語	イタリア語	カナ
病院	**ospedale** (f)	オスペダーレ
薬局	**farmacia** (f)	ファルマチーア
救急車	**ambulanza** (f)	アンブランツァ
外科医	**chirurgo** (m, f)	キルールゴ
内科医	**internista** (m, f)	インテルニスタ
看護師	**infermiere(ra)**	インフェールミエーレ（ラ）
眼科医	**oculista** (m, f)	オクリスタ
婦人科医	**ginecologo** (m)	ジネコーロゴ
歯科医	**dentista** (m)	デンティスタ
薬	**medicina** (m)	メディチーナ
処方箋	**ricetta** (f)	リチェッタ
湿布	**cataplasma** (m)	カタプラズマ
生理用ナプキン	**assorbenti igienici** (m, pl)	アッソルベンティ イジェーニチ
熱	**febbre** (f)	フェッブレ
痛み	**dolore** (m)	ドローレ
吐き気	**nausea** (f)	ナウゼア
下痢	**diarrea** (f)	ディアッレーア

PART 4
すぐに話せる！イタリア旅行重要フレーズ

ブックデザイン	大郷有紀（ブレイン）
編集協力	砂和子・デ・ノーラ，音玄堂，金素樂
編集担当	斎藤俊樹（三修社）

CD付
バッチリ話せるイタリア語

2009年11月20日　第1刷発行
2011年8月20日　第3刷発行

監修者　————インマ・ロマーノ

発行者　————前田俊秀
発行所　————株式会社三修社
　　　　　　　〒150-0001　東京都渋谷区神宮前2-2-22
　　　　　　　TEL 03-3405-4511　FAX 03-3405-4522
　　　　　　　振替 00190-9-72758
　　　　　　　http://www.sanshusha.co.jp/

印刷製本　————壯光舎印刷株式会社
ＣＤ制作　————三研メディアプロダクト 株式会社

©2009 Printed in Japan
ISBN978-4-384-04250-4 C1087

〈日本複写権センター委託出版物〉
本書を無断で複写複製（コピー）することは，著作権法上の例外を除き，禁じられています。本書をコピーされる場合は，事前に日本複写権センター（JRRC）の許諾を受けてください。
JRRC〈http://www.jrrc.or.jp　email:info@jrrc.or.jp　Tel:03-3401-2382〉